JN223790

恍惚惨人詩話

カスタリアの泉に汲んで

―古典詩の記憶から

沓掛良彦

目次

「奸詩」一首

題拙著

孤房弄筆著詩書
老耄閑人傷幽素
無人更讀吾戲作
多年死蔵養蠹魚

拙著に題す

孤房に筆を弄して　詩書を著す
老耄の閑人　幽且を傷む
人の更に吾が戯作を読む無く
多年死蔵して　蠹魚を養う

古典詩回顧に寄せるぷろろごす

J'écris mon livre à peu d'hommes, et à peu d'années.
わたしが本を書くのはごくわずかな人々のため、わずかな歳月のためである。

——モンテーニュ

この世に生を享けて以来実に八〇余年、生きて世に在るよろこびよりもむしろ生の悲哀を感じ、少なからぬ人々との交わりを持ちながらも、ずっと心の奥底では孤独を噛みしめて生きてきた身にとって、この世でのわずかな慰めは古今の詩や歌を読むことであった。詩作に手を染めたのは早かったが、若くして己が詩才乏しきを自覚し、詩作を断念して以来、ひたすら詩を、それも多くは古き世、遠き世の詩人たちの作品を読むことに、生涯の大半を費やしてきた。李賀の言う「章を尋ね句を摘み雕蟲に老ゆ」という人生で、蜀山人先生ではないが、「大業成るなくして日月流る」という感が深い。

どういうものか自分の生まれた時代との折り合いが悪く、生まれてきたことを呪い、『荘子』に言う「幽憂之病」に悩み、常に自分は世に容れられぬ人間だとの疎外感を抱き続けてきたわたしのような人間にとって、古代・中世の世界こそが唯一やすらぎを得られる場であった。陶淵明の詩をもじって言えば、「我茲《こ》の独を抱きて自《よ》り、世に在ること八〇余年、形骸久しく已に化するも、詩有り復た何をか言わんや」というのが老骨の心境である。

なにごとにも自信がなく、常に敗者としての意識を抱き、挫折感と疎外感に苦しんできた者にとって、生は重荷で現実は厭わしく、古の詩人たちがことばで築いた世界に、時空を超えて没入しそれに浸ることだけが、慰めでありよろこびであった。

世上　皆　粉飾
哀樂　一の真なるなし
只此の酔郷の内に
遠く古えの人を求めん
（大沼枕山）

というのが、青年時代以来、生涯を通じてのわたしの偽らざる心情であった。

最大の関心事である詩にしても、わたしを陽光あふれる地中海世界へといざなってくれた西脇順三郎などを別とすれば、近・現代の詩人には縁が薄く、現代詩に疎く、一時期は熱中没入したフランス近代詩などへの関心も時とともに薄れ、ついには「現代に生きる古代人」と称して、古代ギリシア・ローマの詩や、中国古典詩、和歌などばかり読み耽る、一〇〇〇年も二〇〇〇年も時代遅れの無用の一閑人として生を終えることとなった。現代にも現代の文学にも背を向けた現実拒否のそんな男が、この国の文学の世界で存在を認められず容れられないのは、当然のことである。不向きだと知りながら口に糊すべく大学教師という生業を選んだために、やむなく「研究」の真似事もしてみたが、文学の学問的研究というものに一貫して懐疑的だったから、その方面でなすところなく、学者にも世に言う「研究者」にもなれずして終わった。学問とはついに無縁の存在であったが、そのことにはいささかの悔いもない。

詩を愛する人間ではあったが詩才乏しく、顧みればみずからの作品と言えるほどのものは、ほとんどない。若き日にひそかに書き溜めていた詩のごときものは、羞恥心からどこにも発表することなくすべて破棄した。自分の内心を人に知られることをひどく怖れ、恋愛感情に関わることなぞは誰にも知られたくはなかったし、それを文字に綴って人に見せることなぞは到底考えられなかった。爾来時に自己韜晦のための「奸詩」と称する似非漢詩や、狂詩・狂歌・狂句を弄ぶほかは、詩筆を揮うなどということはないまま今日に至っている。わが国にウンカのごとくいると聞く詩人たちとのまじわりも乏しく、かれらのほとんどはわたしにとっては異星人のごとき存在である。詩人たちが生み出す現代詩にしてもごく少数の詩人たちの作品は別として、アルキロコスのことばを借りれば、「それは俺の眼にはずっと遠くに在るもの」で、多くはわたしの理解を超えている。所詮自分は現代詩はわからぬ人間だという意識にもずっと苦しめられ、文学の世界における落伍者、敗者としての意識をつのらせてきた。

詩に携わりながらみずからの作品がもてないというのは、なんともわびしいものだ。

創作に類するものは、わずかに「ネーモー・ウーティス（誰でもない男）」という架空のルネッサンス・ラテン語詩人の翻訳という形で世に出した偽書『ギリシアの墓碑によせて』と、「茂原才欠《もはらさいかく》」というふざけた筆名で出した戯作タンカ集『塵芥集・一夜の詠―茂原才欠短歌大矢數』、それに私家版の狂詩・狂句・戯文集『屁成遺響』があるのみ。他には解憂の楽しみとして折にふれ綴ってきた「奸詩」、狂詩・狂歌・戯文の紙反故が、空しく机辺で埃をかぶっているだけである。創作者としてはなんとも貧しい生涯であったと言わざるをえない。詩を愛するが詩人ならざるそんな男が、いささか長きにすぎたこれまでの生涯でなしてきたことは、詩作という行為に代えて、心に適う古代や中世の詩人たちに声を貸して、かれらの作品をみずからのことばに移して、それをわがものとしたかのようなよろこびを味わうことであった。詩というものが本質的に翻訳を拒むものである以上、考えればそれも所詮ははかなく虚しい所業である。

そんなよろこび少ない人生でのもう一つの慰めは、己が好む古き世の詩人たちの詩や歌をめぐる所感や印象を綴ったり、東西の愛する詩人たちの人間像を描いたりすることであった。研究ではなく、評伝と言えるほどのものではないにせよ、偏愛する詩人たちの作品から浮かび上がってくる詩人の人間像を、想像をまじえて造型するのは捨てがたい楽しみであり、詩作に代わる一種の創造のよろこびをもたらしてくれた。

詩を通じて脳裏に形成された或る詩人の人間像を描き語ることで、その詩人が一層身近に感じられ、わが師、わが友、わが恋人のように思われるのである。

またこれまで何人かの女性詩人に特別の関心を寄せ、サッフォー、和泉式部、式子内親王、ルイーズ・ラベ、クリスティーヌ・ド・ピザンといった心惹かれる女性詩人についての小著を世に問うたのは、彼女たちへの憧れを表出することで、女人との縁薄かった現実生活での渇仰を癒すためでもあった。今思えばそれは一種の所有欲から出た行為であり、書かれた書は憧れの女性詩人たちへの捧げものであり、頌詞であった。女性詩人にかぎらず、わたしはどの詩人に対しても「研究」というような態度で臨んだことは一度もない。ただその詩に心惹かれ好きだったから読んでいただけの話である。これまでさまざまな詩人たちについて書いてきたものは、あくまで詩の一アマトゥールによるささやかなオマージュにすぎない。

さらには陶淵明、西行、一休、良寛などについて書いたのも、それらの詩人たちが觴を揮って孤影に勧める男の独酌の酒伴となり、またかれらが孤独者の老年の心の支えであったからで、そのことへの感謝の念を綴り、その詩業や生き方を讃えるささやかな頌詞として一書となし、世に問うたまでのことである。

さて現代に背を向け、「現代に生きる古代人」として生きてきた、そんな無用の一閑人の長きにすぎた生涯も、どうやら終わりと見えて、六道地獄が目前に迫ってきた。女人への愛に執着した罪業により、「忍苦処」に堕ちるか、妄語の罪により「受無辺苦」

の果報を受けることになりそうである。老来記憶力が信じがたいまでに衰え、昔心惹かれた詩人たちも、長らく親しんだ詩人たちも、その作品ともどもこのところ急速に忘却の彼方へと遠ざかりつつある。以前自分が翻訳した詩でさえも忘れかけていて、江馬細香の詩句をもじって言えば、「苦心して曽て訳せるも　詩忘れ了《おわん》ぬ」という情けないことになってきた。「書は多く貪るを為し、読み且つ忘る」（広瀬旭荘）生涯もほぼ尽きて、もはや「書を貪るも懶く、読めば即忘る」のが衰老の身の現在である。「懶痾相和して膏肓に入る」状態となり、もはや筆を執るのも懶いが、それでも物を書くことが業《ごう》になってしまった人間の恐ろしさで、かつて愛読した詩人たちの記憶が完全に脳裏から消え去る前に、その記憶の一端なりとも書き残しておきたいという不遜な気持ちが胸中に湧いてくるのを抑えがたいものがある。老骨の悪あがきで未練がましいこと甚だしく、偏にそれを愧じるほかない。昔自分が書いた本を読み直して、「曾て著《もの》せる書は　手の猶《なお》別なるかと疑い」という有様であるから、これから書くものにしても、多くは以前書いたものの繰り返しや上塗りにすぎないかもしれない。老来志が逾《いよいよ》卑《ひくく》なってきたことを痛感せざるをえない。「新著新たに愧ず老残の業」というところである。

「呆け老人の書いたこんなものを、読んでくれるような酔狂かつ奇特な人が、果たして翰墨の風絶えたこの国にいるものか」という疑念に苦しめられるが、思えばこれまでに出した本にしても、読まれることはまことに少なかった。世に容れられぬ男は、当然のことながらずっと世人に読まれることなきままに消えゆくホウマツ本の著者でもあった。それが不才のわたしの運命だと観念している。

そういう次第で、かつて読んだ詩人たちの作品の、薄れつつある記憶を掘り起こし、それらの詩人たちやその作品について、一老耄書客の古典詩回顧という形で、とりとめもない小文・雑文を綴ってみたのが、いまさら書かずもがなのこの小さな本である。題して「恍惚惨人詩話」という。

国民挙げてスマホ狂いで、読書人というものが地を払って消え失せたかの観がある現在のこの国で、古典詩への関心から、あるいは何かの出来心か間違いで、ふと本書を手にしてしまう世にも奇特な読者が一人でも多くいることを、心ひそかに冀うばかりである。目次をご覧いただければわかるように、本書は詩について一貫した何かを述べたものではなく、詩歌に関するランダムな漫筆であるから、どこから読んでいただいてもよい。むろん、どこで読むのをやめていただいてもかまわない。興味を持てそうな箇所だけつまみ食いしていただければ、それで結構である。つまみ食いの好きな人たちのために書いた本なのである。

I

心惹かれた女性詩人たち──一〇の小さな頌詞

Ⅰ　心惹かれた女性詩人たち——一〇の小さな頌詞

思えばこれまで長きにわたって東西の古典詩の翻訳紹介や鑑賞に携わってきたが、その中でもサッフォーに始まる東西（と言っても日本、中国、ヨーロッパに限られるが）の女性詩人たちへの関心は一貫して保ってきた。無論わたしとて女性詩人たちの作品ばかり読んできたわけではないが、「永遠に女性的なるもの」、「永遠《くおん》の女性」への憧れと渇仰が常に胸中にあって、それが「うたう女たち」への関心を誘いつづけてきたのだと思う。これはひとつには、最初に強く心惹かれ、魅了された詩人が女性詩人の祖とも言うべきサッフォーだったことによるものだ。プラトンによって「十番目の詩女神《ムーサ》」にも擬せられたこのレスボスの詩人への関心と偏愛から発して、その系譜に列なる西方の女流詩人を追ってその作品に親しみ、ギリシアの女流詩人たち、女流トルゥバドゥールたちやマリー・ド・フランス、クリスティーヌ・ド・ピザンといった中世の詩人たち、ルイーズ・ラベやガスパラ・スタンパなどのルネッサンスの詩人たちを経て、関心はヴァルモール夫人、クリスティーナ・ロセッティ、ギュンダーローデ、H・D、エミリ・ディッキンソンといった近代詩人たちにまで及んだ。

その一方で、悲恋の詩人ルイーズ・ラベや唐代の魚玄機との類似性を強く感じさせる和泉式部は、昔からわたしの偏愛の歌人だったし、清冽な美を感じずにはいられない式子内親王もまたそれ以上に強く心惹かれる歌人であった。さらには中年から老年へとさしかかりつつあった頃、江戸漢詩への傾斜を深め、その過程で江馬細香という詩人に親しむようになったのも、わたしの人生におけるひとつの収穫であったと言える。わが国の近代の詩人では、「挽歌を詠むために生まれてきた歌人」と評された山川登美子や、磨き抜かれ弛緩するところなき詩句を綴って光彩陸離たる詩を生み出した詩人であり、その高い知性と、「在日ヘレニスト」と称するほどギリシアへの深い愛を抱いていたことでわたしの格別の関心を引いた多田智満子が、わが偏愛の詩人であった。かつて歓談中に多田さんにサッフォー論を書いて欲しいと願ったが、それが実現しなかったのが心残りである。もう半世紀近く昔のことになるが、「それほどギリシア語ができませんから。」と微笑みながらおっしゃったことが印象に残っている。

これまでに名を挙げた女性詩人たちは、ほぼ同時代人でわずかながら個人的な接触のあった多田さんを除けば、前七世紀末という遥かな大昔の人であるサッフォーをはじめ、みな過去の人である。最も新しい詩人でもボードレールと同時代人で、もう一五〇年以上も昔の女性である。だが詩人の身は死しても作品は生き続け、それが後世の極東の一隅に生きる一人の詩を愛する男を魅了してその憧れを掻き立ててきたのだから、彼女たちは言ってみれば「久遠の女性」に憧れるわたしの恋人のようなものである。もっともそれは亡き詩人たちはあずかり知らぬことで、滑稽なまでに一方的な片思いにすぎないものだが。要するにジョフレ・リュデルの「遥か彼方からの恋(Amor de lonh)」とさして異なるところはない。

それでもなお世の詩人たちが愛する女性への頌詩を綴り、かつてはあまたの男たちがその胸中の燃える思いを恋文に託したように、わたしもまた心惹かれてきた詩人たちとのかかわりを述べ、彼女たちに寄せる思いと鑽仰を、詩人たちへの小さな頌詞として綴って捧げたい(本書は古典詩回顧の小文を寄せ集めたものであるから、近代・現代の詩人である山川登美子と多田智満子はとりあげないことにした。この二人の詩人については、いつかわたしなりの小論を書いてみたいというひそかな願いは抱いているが、まだその機は熟してはいないし、書くことによって大切なものを手放してしまうような気がして、執筆に踏み切れないままである)。つまりこのささやかな本の一章は、以下にあつかう女性詩人や歌人たちが、心に「久遠の女性」、「うたう女」への強い憧れを抱きつつ、文学の世界における敗者としての意識に悩んできた男の心を癒し、その貧しい人生を精神的に豊かにしてくれたことに対する、ささやかな謝意の表出にほかならない。

Dosis olige te phile te.

サッフォー

今は昔、高校の図書室でふと手にした一冊の訳詩集が、思えばその後の詩への志向を決定したと言ってよい。それが岩波文庫版の呉茂一氏の『ギリシア抒情詩選』であった。「学匠詩人」と呼ぶに足る詩心豊かな古典学者であったこの一代の碩学によって、恐ろしく個性豊かで独特の日本語に移されたギリシア古詩は、それまでにわたしが読んでいたわが国の詩人たち、萩原朔太郎、三好達治、宮沢賢治といった詩人たちの詩の世界とは大きく異なる詩的世界を開示してくれた。その驚きは大きかった。それまではヨーロッパの抒情詩といえば『海潮音』と『珊瑚集』ぐらいしか読んだことのなかったわたしにとって、陽光あふれるエーゲ海を感じさせる澄明で簡浄なギリシアの詩にふれたことは、大きなよろこびであった。昔から学校という所が大嫌いで何人もの教師たちに嫌われ憎まれ、田舎の進学校では早々に受験戦争から脱落し、「落ちこぼれ」としての暗い日々を送っていた少年にとって、学校の図書室から本を借りだして読み耽ることだけが慰めとなっていたのだが、そこで手にしたこの一冊の訳詩集こそが、思えばわたしを古代世界へ引き入れたのだった。

『ギリシア抒情詩選』を覗いてみる気になったのも、中学生のときに呉茂一訳の『イリアス』を読んだりシュリーマンの伝記を読んで興味を覚え、なんとなくギリシアというものに惹かれていたからだったろう。それ以前に、子供の頃家にあった『ギリシア神話』という本を繰り返し読み、表紙がボロボロになるまで愛読していたということもある。そんなことから、ふとあまり読まれた跡がない岩波文庫版『ギリシア抒情詩選』を手に取ってみたのだと思う。そこに収められたギリシア古詩の何篇かは、一読忘れがたい印象を残した。名訳として知られる、対ペルシア戦争に際してテルモピュライで斃れたスパルタの戦士たちを悼んだ、シモニデスの碑銘詩、

行く人よ、
ラケダイモンの國びとに
ゆきつたへてよ、

この里に
御身らが言《こと》のまにまに
われら死にきと

といった一編や、後にギリシアきっての恋愛詩の名手・手練れと知ることになったメレアグロスの、

たをやかのアスクレーピアス、
　君が瞳の耀《きら》めきは
　　凪《なぎ》の日和《ひより》か。
　人みなを戀の船路へ
　　　さそうてやまぬ。

といった愛のエピグラムは、たちまちに詩が大してわからぬ少年だったわたしの心をとらえ、以後この訳詩集を繰り返し読むこととなった。
何よりの収穫は、その中に収められていた何篇かのサッフォーの詩を「発見した」ことであった。それまでは名も知らず、一編たりとも読んだことのなかったこの女性詩人に呉訳で初めて接したのである。これはまさに僥倖そのものの出会いだったと言ってよい。アレクサンドリア時代に九巻あったと伝えられるこの詩人の詩は、これを淫蕩として敵視したキリスト教会によって焚書に遇い烏有に帰した。彼女の詩はそのほとんどすべてが湮滅して伝わらない。完全な形で伝存するのは「アフロディーテー祷歌」ただ一編のみだが、砕け散った宝玉にも似たそのわずかな残簡、断片の中から、呉氏は何編かを選んでみごとな日本語の詩として、この国の読者に供したのである。正直に言って「アフロディーテー祷歌」などの訳はやや古体に傾き、さほどの詩興は覚えなかったが、むしろごく小さな断片の翻訳にそのみごとな技量のほどが見られ、簡浄の美の極みと呼ぶに足る名篇となっている。それに強く心惹かれたのであった。詩人カトゥルルスの翻案から推して祝婚歌の一部ではないかと推測されている断片、

夕星《ゆうずつ》は、
かがやく朝が（八方に）散らしたものを
みな（もとへ）連れかへす。
羊をかへし、
山羊をかへし、
幼《おさ》な子をまた　母の手に
連れかへす。

や、一説にはレズボスの民謡かとも言われる、

月は入り
　すばるも落ちて、
夜はいま
　　丑満の、

時はすぎ
　うつろひゆくを、
我のみは
　ひとりしねむる。

のような、一見単純素朴そのものと見えながら、いわく言い難い美しいしらべを湛えた詩に、深く魅了されたのであった。呉氏によるサッフォーの訳詩はどれも豊かな詩心と、日本語の手練れとしての技量が相俟って生まれたものであって、余人の追随を許さない。「いつかこれを原詩で読んでみたい」というような願いを抱いたのも、その頃のことであった。そこで古本屋で見つけた『ギリシア語四週間』という本を買って無謀にもギリシア語の独習を試みたが、これは半年足らずであえなく挫折した（そんなことをしていたおかげで学校の勉強にはますます身が入らず、成績は更に低迷し「落ちこぼれ」の「お荷物」そのものとなり、卒業も危ういほどで、学校には厄介な存在となって暗い高校生活を終わった）。サッフォーがプラトンによって「十番目の詩女神」と讃えられた至高の詩人であって、「神韻」と評されるその詩が、ギリシア全土、いや古代世界全体が仰ぎ見たものであることなぞ、当時はまだ知る由もなく、ただ呉氏の訳詩を通じて漠然とその詩風に心惹かれていたにすぎない。

その後はドストエフスキーなどの影響で北方的なものに引き付けられ、また当時の状況（六〇年安保闘争）もあって大学ではロシア文学を専攻したので、その間は学生運動に巻き込まれてマルクス主義の文献を読む傍ら、プーシキンやレールモントフを読み、またフランス語を独学してフランス象徴派の詩を読み始めたことも手伝って、ギリシアからはしばし遠ざかっていた。それでも、サッフォーへの関心だけは消え失せることなく続き、呉訳の『ギリシア抒情詩選』はいつも身辺にあったから、少年の日に憧れた十番目の詩女神《ムーサ》は、完全にわたしを見捨てたわけではなかったようだ。

ギリシアへの関心が蘇ったのは、大学院に「入院」後のことである。それには古典文学の学殖豊かで、「ラテン語を知らずしてなんのプーシキンか」などとおっしゃっていた先師木村彰一先生の影響も大きかったが、それ以上に決定的だったのは、西脇順三郎の詩に触れたことである。これによりわたしはロシア的北方的世界から、陽光あふれる地中海世界へと改めて眼を転じることとなった。『Ambarvalia』という、伝統的な詩語を拒否した一種暴力的なことばで綴られた不可思議な詩集がもつ魔力が、エーゲ海世界へ、古代ギリシア世界へ一挙にわたしを引き込んだのであった。そこで方向転換を決意し、次第にロシア語を離れてギリシア語とラテン語の独習にかかったが、目指すところはギリシアの詩を原詩で読みたいというところにあった。

当初から関心は抒情詩とりわけサッフォーにあったので、まだ文法もろくに学び終えていないのに、運よく入手できた『Hellenike Lyra』というイタリア語による初学者向けの懇切な注のついたアンソロジーによって、サッフォーの詩を初めて原詩で読むことができたが、その感激は大きかった。アイオリス方言で書かれたその詩は難解ではあったが、訳詩ではなくギリシア語でそれを味わうよろこびは格別なものがあった。以後長らくこの詩人の世界に没入し、サッフォーの詩の世界に沈潜することになったが、その過程でいつかはわが手でこの「十番目の詩女神」の詩を、わが国のことばに移してみたいという不遜な願いを抱くようになり、わが憧れの詩人像を描いてみようなどという願いも芽生えたのであった。三〇歳前後のことである。それが実際にはどれほどの困難をともなうものか、後にその仕事に全精力を注いでから思い知ることとなったが、何度か挫けそうになりながらも、その難業をなんとかなしとげたのは、二〇年近く後の一九八八年のことであった（『サッフォー・詩と生涯』、平凡社刊。この本は二〇〇六年に水声社から再刊された）。もう三六年も昔の話である。

「神韻」とまで言われるサッフォーの詩を日本語の詩とすることは絶望的なまでに難しく、加えて呉氏の名訳も超えがたく、心肝を摧いてもなお満足な訳詩は生まれなかった。いま顧みればなんとも未熟な出来栄えのものだが、それでもギリシア古詩を愛する一東洋人の男が、呉茂一氏に倣ってレズボスの詩女神をこの国に招来できたことは、またとない幸せであったと思っている。古典学の大先達である学匠詩人の訳詩にふれた一〇代の少年の心に芽生えた、遥か昔の異国の女性詩人への憧憬が、出来栄えはともあれ三〇年後に実をむすんだのは、偏に詩女神にもまがうと讃えられ、古代世界の鑽仰を一身に集めた彼女の詩の魅力によるものだ。愛の詩人であったサッフォーこそは、わたしにとって「久遠の女性」だったと言える。
拙著『サッフォー―詩と生涯』は、洪水のごとく書店にあふれる新刊書に呑み込まれて、間もなく書店の店頭から消えてしまったが、ギリシアの詩などに関心を抱く数少ない読者の心には届いたものと思いたい。かつて少年だったわたしが体験したように、この国の若い読者が、それも女性の読者が、あの本を読んでレズボスの詩女神に心惹かれ、みずから筆を執って新たな形でサッフォーの詩を伝え、その詩の世界を描くようなことがあれば、著者としてはどんなにかうれしいことか。独特なアイオリス方言で綴られ、極度に簡潔、簡浄の美を極めるサッフォーの詩は、日本語に、いやいかなる外国語にも翻訳することは困難であって、これを試みる者を絶望させずにはおかない。拙訳は原詩のしらべ、その美には程遠いものだが、それでもわたしなりにその一端を伝えようと腐心した訳詩の中から、ひとまずは心に適う一編を引いておこう。

アフロディーテー女神に

いざ、こなたへ、クレーターを立ち出でたまい、
この聖《きよ》らな神殿《やしろ》へとわたらせたまえ、こなたには
おんみがためのうるわしき林檎樹の杜ありて、

祭壇は乳香にくゆりたつ
こなたには、林檎樹の小枝縫うてなる流水《ながれ》さざめき、
神域は隈なく薔薇の樹ほのぐらき蔭なし、

さざめきゆれる木の葉伝つたって、
熟睡《うまい》はしたたり落つ

こなたには、牧の原ありて駿馬ら牧草《くさ》をはみ、
春の花々いちめんに咲きそうて、
ここちよき風はのどやかに
吹きわたる

ここにこそ、キュプリスよ……を取らせたまい、
手つきもいとみやびに黄金《こがね》の杯へ
祝祭のよろこびまじえた神酒《ネクタル》を
注がせたまえ

アフロディーテーへの祈りにはじまり祈りに終わる円環構造をもつこの詩（断片

だが）は、サッフォーの個人的な感情を詠ったものではなく、女神の顕現を願った祭儀的な性格を帯びた讃歌である。この詩の魅力はいわゆるlocus amoenus（うるわしの場、仙境）としてのアフロディーテーの神域、杜や苑を美しく描き詠っているところにある。アフロディーテーにまつわるさまざまなもの、薔薇、林檎樹、春の花々、薫香などを巧みに詩句に織り込んで、女神の神域の美しさを入念華麗に描き出した詩で、官能美あふれる絵画的な描写で際立っていると言ってよい。ここにはボードレールの詩に遠く先立って、「匂いと色と音とはかたみに応えあう」、「照応（oorrespondances）」の世界が早くも実現しているのが見られる。匂いと色と音とがかたみに応えあい、混然一体となって牧歌的光景が出現しているのには驚嘆せざるをえない。一幅の絵のように美しい詩となっている。

一体に万事人間中心主義だったギリシア人は、花鳥風月、雪月花を詠う和歌や、山水詩のような自然詩をもつ日本や中国に比べて、自然の美にはさほど大きな関心を示さなかったと言われている。だがサッフォーは例外的に自然の美に敏感であり、その詩の多くで月明や星空の美しさ、咲き乱れる花々など、右の詩にも見られるような自然界の事物をも、澄明で繊細で華麗な詩句に盛って詠い上げた詩人でもあった。

レズボスの詩女神サッフォーは、なんと言っても愛の詩人である。みずからのもとにつどう美しい少女たちへの激しい恋情を、燃える詩句に託して表白した詩こそが彼女の詩の本領だが、やや趣を異にするこういった詩もまたこのレズボスの詩女神の詩

の魅力である。月明を詠った、

　さえわたる月のあたりの星々は、
　そのかがやく面輪《おもわ》をかくす、

　つきしろのみちて、そのひかり
　地のおもてに、耿々とふりそぞぐとき。

といった小さな断片にも、それが窺われる。
いずれにせよ、サッフォーは前七世紀末という遥か昔の異邦の詩人である。自然環境も、文学的伝統も、ものの感じ方や感性も、遠く時空を隔てた現代の世に生きるわれわれとの間に懸隔がないはずはない。にもかかわらず、

　詩女神《ムーサ》らはこのわたしを
　　栄えある身となされた、
　おん神らの詩技《わざ》、この身に授けたまいて。

と誇らかに詠った彼女の詩を愛で、それを口の端に乗せてみるような女性が、数多く

の女性詩人（歌人）を輩出したこの国にはいるものと、かつて彼女の詩に魅せられた老骨は夢想するのである。そして今人生の終焉に臨んでレズボスの詩女神に別れを告げるに際して、彼女が「サッフィスム」、「レズビアニスム」という忌まわしい感じをもつことばによってではなく、「輝くものと美しいものを愛するのがわが運命《さだめ》」と詠った詩人として、人々に想起されることを、心ひそかに祈るばかりである。

魚玄機

魚玄機という女性詩人が中国にいたことを知ったのは、やはりごく若い頃に読んだ森鷗外の短編小説『魚玄機』によってである。「魚玄機が人を殺して獄にくだつた」という印象的な書き出しで始まるこの作品は面白く読んだ記憶はあるが、いつしかその存在も忘れていた。ただ古来あまたの詩人たちが死刑になったり殺されたりしたかの中国でも、女性の身で刑死するという悲運をたどった詩人は珍しく、その点が強く印象に残ったが、作品そのものを読む機会はなかった。

この薄幸の詩人に再び出会ったのは、その後集英社版の『漢詩大系』の通覧を試みた折のことである。その第一五巻が辛島驍氏が訳解を担当された『魚玄機・薛濤』であった（この本で辛島氏によって何編かその訳詩が引かれている、那珂秀穂氏の『支那歴朝閨秀詩集』の存在を知り、運よく入手できて、以後それが愛読書となったのも収穫であった。ちなみにわたしは魚玄機の詩は、『全唐詩』のほかには上記の辛島氏編の本しか所有していないので、この詩人に関する知識はもっぱら同氏の「解題」に拠っている)。ちょうどその頃は和泉式部を耽読し、またこれから取り上げるフランス・ルネッサンス悲恋の詩人として名高いルイーズ・ラベの詩に魅せられて、その詩の世界に没入していたので、一読して、和泉やルイーズと同じく悲恋の詩人である魚玄機の詩が、この二人の歌人・詩人と深く相通ずるものをもっていることに驚き、その親近性、類似性に眼を奪われたのであった。一方、李賀、白居易などと同時代に生きた中唐の詩人だが、一般には詩人としてよりも「薛濤牋《せっとうせん》」を作って普及させたことで知られる薛濤の詩は、魚玄機のような激しさを帯びていず、穏当な作風だったためか、さほど惹かれることもなく、こちらは通り一遍の鑑賞に終わった。

魚玄機は薛濤よりやや後の時代、つまりは李商隠や杜牧、温庭筠《おんていいん》などと同じく晩唐の詩人であった。今「詩人」と言ったが、より正確には薛濤などと同じく「詩妓」つまりは詩を書く芸者のようなものであって、あくまで士太夫の文学、官人の文学であった中国古典詩の世界ではごくマージナルな存在であり、男性詩人たちに伍して、古典詩史の上に名をとどめるような詩人ではないと位置づけられているという(『全唐詩』の八〇二―四には妓女の詩を収めた部があって、魚玄機などのほかにも詩を書く妓女がいたことがわかるが、彼女たちの詩は、まともな文学として詩史の上であつかわれるようなものではない。ちなみにわが国にも、江戸時代に祇園の歌妓で柏木如亭に学んで漢詩を善くした長玉僊のような女性がいた）。その意味では魚玄機、ルネッサンスのイタリアで詩名が高かったガスパラ・スタンパもその一人であったと言われ、ほかにもヴェロニカ・フランコやトゥリア・ダラゴーナのような、詩人としても名のあった高級遊女《コルティジアーナ・オネスタ》に類する女性であったと言うべきだろう。サッフォー、クリスティーヌ・ド・ピザン、ルイーズ・ラベ、和泉式部、式子内親王といったそれぞれの国や時代で、傑出した詩人・歌人としてその名を謳われていた女性たちとは同列には置きがたいことは否めない。とはいえ、中国の詩では稀に見るほどの激しさをもって、捨てられた女の悲哀と悲運を、燃えるような詩句に託して詠った異色の女性詩人、悲恋の詩人、閨怨の詩人として、わたしの関心を強く惹かずにはおかないものがあった。

　いかにも、若くして刑死したこの薄幸の女性は、一流どころか二流詩人でさえないのかもしれない。だが作品が伝わっている女性詩人のほとんどが高級官人の妻で、伝統的な型にはまった詩を書いているのにひきかえ、ほとんど漢詩の概念を覆しかねない激切な表現による愛の詩を生んだことが、この異色中の異色の女性詩人を、全体として恋愛の影が薄いとされる中国の詩の中で、特異な存在としていることは疑いない。

　魚玄機は長安狭斜の巷の里家つまりは芸者屋の娘として生まれた。幼にして詩才を現し、一五歳の頃には早くもその詩が長安人士の間で評判を呼び、その詩才を愛でた当時の高名な詩人温庭筠の指導を受けて、その詩技を磨き、詩名を高めた。そればかりか、「人間の貌より天使の貌に近い」とまでその美しさを称えられたルイーズ・ラベと同じく、「色既に國を傾け」と言われるほどその際立った容貌の美しさが喧伝された女性でもあった。その詩才と稀に見る美貌とで長安の人士の耳目を惹いた彼女に眼をつけたのが、師である温庭筠と親しかった李億という名門の出の高級官僚であった。おそらくはその詩才よりも美貌に惹かれたであろうこの男は、大金を積んでまだ一〇代だった魚玄機を身請けし、妾として家に入れた。これはこの女性にとっては不幸な出会いであったと言うほかない。卑しい娼家の娘として生まれた魚玄機にとって、身分違いの高官と結ばれたことは望外の幸せであり、彼女はひたむきにこの男を慕い愛したが、それは一方的な愛であった。

この薄情な男は、最初の故郷への旅の途中で長らく彼女を置き去りにして、彼女を愛する人の不在を嘆く「閨怨」の詩人としたばかりか、任地への二度目の旅ではともに旅立った彼女を捨てて、二度とそのもとへは戻らなかった。正妻の嫉妬を怖れてのことか、あまりにも才気に富んだ美貌の詩妓に気押されてその愛に飽いたのか、そのあたりはわからないが、ともあれ魚玄機は身も心も捧げた愛する男に裏切られ、完全に捨てられたのであった。奇しくもルイーズ・ラベが一時期相思相愛の仲であった凡庸な詩人オリヴィエ・ド・マニーに捨てられ、以後それを機にフランス随一の悲恋の詩人、閨怨の詩人として知られることになったのと、軌を一にしているのが眼を惹く。

こうして愛する男に捨てられ、孤閨をかこつ身となった魚玄機は、なおこの薄情な男を忘れられず、胸内に燃え盛る情炎を鎮めかねて、熱い思いと肉体の疼きを激越な詩句に盛った悲恋の詩を陸続と生み出し、中国の女性詩人としてはまさに異色の存在となったのである。かつてわたしは小著でルイーズを「焔の女」と呼んだが、魚玄機もまた「燃える心（le Coeur ardent）」をもった「焔の女」であった。

長安に戻った後、魚玄機はやがて咸宜観という道観すなわち道教の寺に入って女道士となった。薄情な男の手で不幸のどん底へ突き落された末に選んだ道であった。つまりは出家して尼になったのと同じことだが、それで俗世が忘れられるわけではない。女道士となったからとて男の愛を知り、まだ年若く、本性愛に生きる情熱的な女性であった彼女が、女道士としての生活に満たされてはいなかったことは、以後も悲恋の詩が書かれていることが示すところだ。

女道士となってから数年後、やがて彼女は李近仁という新たな恋人を得た。今度こそこの愛を逃すまいと必死になり、あらんかぎりの情熱をそそいでこの男を熱愛したことは想像に難くない。だが思わぬ事態が出來し、彼女の運命は再び暗転し、ついは二六歳の若さで刑場の露と消えたのである。彼女の留守中に尋ねてきた李を、緑翹という若い侍女が不在を理由に帰したのだが、魚玄機は李とこの少女との間に情交があったものと疑い、彼女を監禁し激しく鞭打って殺害したのである。それについては鷗外の小説に詳しいが、激しい性格であったことがわかる。偶然なことからやがて事が露見し、彼女は捕らえられて刑場で斬に処された。哀れむに足る不幸な生涯であった。

かような異色の経歴をもち、またおよそ中国の古典詩と詩風とは異なる悲恋の詩、閨怨詩を書いたのが魚玄機という詩人だが、素人眼で見ても、詩的完成度から言えば、その詩が中国詩史の上に名を留める詩人たちのそれには伍しえないことはわかる。所詮それは不幸な愛に生きた唐代の一詩妓の詩にすぎないものだろうが、愛に全生涯、生命を賭けて、それを大胆かつ赤裸々に表白した作品として、後世に生きるわれわれの共感を呼び、その心に訴えかけるだけの力を秘めているように思われる。過去の中国からは女性たちの生の声が聞こえてくることが稀なだけに、彼女の詩はいっそう貴重だと言えるのではなかろうか。

魚玄機の詩としては、世に名高い一編で佐藤春夫の『車塵集』にある訳詩でも知られている「秋怨」と、「無價の宝を求むることは易《やす》きも、／有心の郎を得ることは難し」という人口に膾炙した詩句によって名高い「鄰《となり》の女に贈る」の二編を引いておきたい（読み下しは前記辛島氏による）。

秋怨

自歎多情是足愁
況當風月滿庭秋

自《みずか》ら歎《たん》ず多情《たじやう》は是《こ》れ足愁《そくしゅう》なるを
況《いはん》や　風月《ふうげつ》満庭《まんてい》の秋に　當《あた》るをや。

洞房偏與更聲近　　　洞房《どうぼう》偏《ひとへ》に　更聲《かうせい》と近し
夜夜燈前欲白頭　　　夜夜《よよ》燈前《とうぜん》に白頭《はくとう》ならんとす。

この詩は辛島氏が名訳として引いている那珂秀穂氏の訳では次のように訳されている。比較してみると興味深いので、併せて佐藤春夫訳をも掲げよう（下段がそれである）。それぞれに個性豊かな特色ある訳詩であって、文学性、完成度は高いと言えるかと思う。

戀する身とはなるなかれ
庭に月澄む秋はなほ
時計の音の身にしみて
幾夜むなしく泣き明かしけむ

わかきなやみに得も堪へで
わがなかなかに頼むかな
今はた秋もふけまさる
夜ごとの閨《ねや》に白《しら》みゆく髪

両者ともにかなりの自由訳だが、ここは那珂氏の訳に一日の長があると言ってよい。これは典型的な閨怨の詩であって、フランスの魚玄機とも言うべきルイーズ・ラベが恋人に捨てられ、「ひとり寝る夜の」嘆きを

かくて身も心も破れくだけて、

倦み疲れてひとり床に臥し、夜もすがら
　身の不幸を泣き明かさねばならぬこの身よ。

と詠ったのに深く通じるものがある。この詩には女道士となってもなお、身の内に燃え盛る若い女の肉の疼きと、孤閨をかこち夜ごとに老いてゆくという焦燥感が直截な詩句の中に封じられていて、哀切を極める。悲運に生きた過去の中国の一女性の魂の叫びとして、今日なおわれわれの心を揺さぶる詩だと評するのは、過褒だろうか。

今度は「隣の女に贈る」を一瞥してみよう。

贈鄰女　　鄰の女に贈る

愁春懶起妝　　春《はる》を愁ひて　起妝《きしやう》に懶《ものう》し。
易求無價寶　　無價《むか》の寶《たから》を　求《もと》むることは易《やす》きも
難得有心郎　　有心《うしん》の郎を　得《う》ることは難《かた》し。
枕上潛垂淚　　枕上潛《ちんじょうひそか》に　淚《なみだ》を垂《た》れ、
花間暗斷腸　　花間暗《くわかんあん》に　腸《はらわた》を斷《た》つ
自能窺宋玉　　みづから能《よ》く　宋玉《そうぎょく》を窺《うかが》ふ、

何必恨王昌　　何《なん》ぞ必《かなら》ずしも　王昌を恨まん。

辛島氏によれば、「鄰の女に贈る」と題されたこの詩は、実は無情にも魚玄機を捨てた李憶に宛てられたもので、「咸宜観に入ってからも、なお日の浅い頃の、どこかまだ李憶を忘れがたく思っていた頃の作品として、解釈しなければならならぬことになる」という。いかにもそう解釈してこそ、この詩の詩意がよく汲み取れるように思われる。恋焦がれる男との逢瀬を断たれた悲しみを、「枕上潜に涙を垂れ、／花間暗に腸を断つ」との詩句に託し、身勝手にも自分を捨てた男への怨みを直接相手にぶつけることはせず、「無價の寶を　求むることは易きも、／有心の郎を　得ることは難し」という、女性が情《こころ》ある男に出会うことの難しさを、体験を超え、普遍化して嘆じた詩句に封じたのは、やはり魚玄機という女性が詩人にほかならなかったことを物語っている。最後の二句「みづから能く　宋玉を窺ふ、／何ぞ必ずしも　王昌を恨まん」、つまりは李億の求めに応じてその妾となったのは、自分から進んでしたこと、あなたを恨んではおりませんというのは、彼女の女としてのプライドであり強がりだろう。辛島氏によれば「被虐者の奇妙な抵抗心理」だという。絶対的な弱者の立場に置かれながら、そういうことばを吐かざるを得なかったのはなんともいじらしい。総じて愛の詩にしても、満たされた愛の歓喜を詠った詩よりも、拒まれた愛、喪われた恋、愛する人に捨てられた恋などゆえの苦悩を詠った詩に、読者の魂を激しく揺さぶり訴えかける詩が多い。魚玄機の詩はその端的な一例である。すぐれた文学作品が作者の不幸を種とし、悲嘆や苦悩を代償として生まれるのは古今を通じて渝《かわ》らぬ残酷な事実である。

そんなことを感じながら、魚玄機の詩の世界に浸ったのも、もはや昔のこととなった。往時茫々その詩も多くは忘れたが、思えば魚玄機という詩人は、わたしの中ではいつもルイーズ・ラベ、ガスパラ・スタンパ、和泉式部と重なり合う形で存在し、意識されてきた。彼女たちはいずれも「パッション」の詩人だからである。「パッション」すなわち「情熱」であり同時に「受苦」であるものを、愛ゆえに苦悩する女の魂の形を、詩才の限りを傾けて表出した「うたう女」だったからである。世に詩を書く女性はウンカのごとくいると聞くが、そういう女性詩人はあまりいないのではないか。

朱淑真

朱淑真などというわが国ではほとんどその名も一般の読者には知られておらず、おそらくは中国古典詩の専門家以外には詠まれてはいないであろう詩人をここでとりあげるのは、偏に偶然入手できた那珂秀穂（田中秀雄）氏の訳詩集『支那歴朝　閨秀詩集』に収められたこの女性詩人の詩の名訳を、読者に紹介したいからにほかならない。

わたしがこの詩人について知るところは少ないし、その詩に深くなじんでいるわけでもない。それを承知で敢えてこの詩人の詩（というよりもその詩の名訳）をとりあげて一瞥しておきたいのは、わが国には伝統的な漢詩の訓読、読み下しという独自の中国古典詩解釈の方法があって、ある意味ではそれが災いして、中国古典詩の純然たる訳詩というものが生まれにくい状況の中で、那珂氏による中国の女性詩人の翻訳が、立派な訳詩たり得ていることに感嘆したからである。詩の読み下しに原詩の詩意を説いた散文訳が添えられているのが一般的なわが国での漢詩鑑賞であって、それ自体が独立した訳詩として味あわれることを意図した訳詩集は少ない。江戸時代には、六朝詩をみごとな平俗語に移した江南先生による『六朝詩選俗訓』や柏木如亭の『訳注聯珠格』のような、話しことばを駆使したこなれた訳詩を収めた詩集があったし、森川許六の『和訓三体詩』など一風変わった試みもあった（これは訳詩集とは言えないだろうが）。明治以後も佐藤春夫の『車塵集』や日夏耿之介の『海表集』、井伏鱒二の諧謔に富んだ洒脱な『厄除け詩集』、原田憲雄の『幽歓集』などいくつか先例はあるが、日本人の読者としては、やはり訓読を添えた漢詩のテクストそのものをも併せ見ないと落ち着かないのである。その点、那珂氏の書は、あくまで訳詩そのものとして読まれることを意図したもので、純然たる訳詩集として十分に読むに堪えるものだと言える。

さて氏による前記の書だが、戦後まもなく（昭和二二年）に地平社という出版社から出たこの訳詩集は、全三四二頁、漢代から清朝までの歴代の代表的女性詩人の詩を選んで訳出し、原詩を付した形で収めたものである。和紙を用いた掌中に収まりそうな小型本で、一五〇〇部刊行されているから稀覯本というわけではないが、今となってはかなり珍しいものではなかろうか。この訳詩集を入手した経緯は忘れたが、机辺の書となってから、しばしば開いて楽しむ詩書のひとつとなっている。一五〇人ほどの女性詩人の作を収めた訳詩集で、過去の中国の女性たちの声を聞くことのできる数少ない資料でもある。当節では貴重なこの訳詩集の存在を知り、それによって中国女流詩人の作に接している人は稀であろうから、余計なおせっかいながら、那珂氏訳による朱淑真の詩を何編か紹介してみたい（この詩人の詩は、以前出した『和泉式部幻想』という本の中で、一編だけだが那珂氏の訳詩と併せて引いたことがある）。

これはわが愛唱するところの訳詩集だが、その中で出会ったのが、朱淑真という宋代（南宋）の詩人であった。彼女の詩は銭鍾書の『宋詩選注』は無論のこと、手許にある宋詩選のたぐいには入っていないので、那珂氏の右の書以外にはその作品に接する機会はなかったが、その後「中國古典文學基本叢書」の一冊として中華書局から出ている『朱淑真集注』によって、その作品の大要を知ることができた。中国詩史の上ではあまり話題とされることもないマイナー・ポエトの一人なのだろう。わたしにしても、この女性詩人に関しては右の書に書かれてあること以外はほとんど何も知らないのだか、この小文の意図するところは那珂氏の訳詩を紹介することにあるので、その点は大目に見ていただくほかない。意外な感もするのだが、那珂氏はよほどこの女性詩人の詩が心に適うところがあったと見え、右の訳詩集中最も多い一五編もの詩を訳出しているのが眼を惹く。

さてこの詩人だが、巻末に付されたごく短い「作者小伝」には、こう書かれている。それはごく簡略なもので、

朱淑真。淅の人である。文章幽艶、才色清麗と云はれている。夫がわからずやで、鬱鬱の情を詩によって慰めていた。断腸詩集十巻があり、臨安の王唐佐が傳を撰し宛陵の魏仲恭が序を書いている。

とだけ記されている。那珂氏の「小伝」と言うよりも「寸伝」はあまりに簡潔なので、前期の『朱淑真集注』によって多少それを補うと、この詩人はその来歴などは諸説紛々であまり明らかではないという。過去の中国の女性詩人の多くが高級官人の夫人であったり、あるいは魚玄機や薛濤のような詩を書く妓女つまりは詩妓だったのとは異なり、淑真は普通の市民の妻だったため記録に残っておらず、その生涯を詳らかにしないのだと記されている。普通の市民とは言っても豊かな階層の出で、教養高い婦人であった。「幽棲居士」と称した彼女は、女性詩人としては中国で唯一の第一級の詩人（詞人）とされる李清照よりも四、五年早く生まれ、二〇年あまり早く、五〇

代で世を去った女性である。才媛で、詩のみならず弾琴に巧みで画をも善くし、竹や菊を描くのに秀でていたという。物質的には恵まれていたが、幸福だったとは言い難く、夫との不仲もあって孤独感に苛まれて苦悩した生涯だったらしい。

「清新婉麗」だが「繊弱」と評されるその詩は、そのほとんどが一市民の妻としての彼女の狭い生活圏内で生まれたもので、生活環境の反映であり、内面生活の表出であって、平明で修辞を凝らさず、質朴にして自然描写が多いとも述べられているが、作品に当たってみると、いかにもそのとおりである。そこには魚玄機の詩のような激しい、情熱的なものは見られないし深い内省もない。心情の昂揚を抑えたところがあって迫力にとぼしく、われわれの心に訴えるところは少ない。とはいえ、過去の中国の市井に生きた一女性の翳りを帯びた生の声を美しく伝えたものとして、ここで小さな頌詞を捧げるには十分に値しよう。

ここでは引かないが、彼女には夫ならぬ男との相思相愛の詩、夫には秘めねばならなかった不義の愛を想像させる空閨を怨んだ閨怨詩なども何編かある。これは中国古典詩としては、まことに珍しいことで驚かざるをえない。ヨーロッパでは、詩人がレスビアと呼んだ人妻クローディアへの恋を詠った名高いカトゥルルス以来、また中世の「みやびの愛（宮廷風恋愛）」の伝統が根付いて以来、有夫の婦人への愛を詠うことこそが愛の詩の本領であるかのように思われてきたのに対して、詩に道義性を強く求める中国では、不義の愛、姦通愛を詠った詩などというものは論外で、固く御法度であった。士大夫の文学である男性詩人の手になる詩では、私的な感情をあらわに表出する恋愛詩を書くことさえも憚られたほどであるから、不義の愛をテーマにした詩なぞは、まず絶対にと言ってよいほど書かれなかった。少なくとも、それが公にされることはなかったはずである。かといって、それが女性の手で書くのなら許されたというわけでもない。士大夫官人ならぬ一市民の妻の詩であっても、こういう愛を詠った例はあまりないのではないか。

那珂氏は淑真の家庭生活にふれて、「夫がわからずやで」と書いているが、夫婦仲は冷たく、淑真は夫には悪感情を抱いていたと、前掲の『集注』には記されている。その詩集が『断腸集』と題されているのは、先に見た魚玄機の名高い閨怨詩中の詩句「花間　暗に腸を断つ」を意識して付けられたのではなかろうか。この推測は当たっていると思うが、確証はない。前置きがいささか長くなったが、那珂氏訳の朱淑真の詩を五編選んで引いておこう。氏の訳のみごとさを知るために、原詩をも掲げておくが、読み下しは省略する。

夜なが

霜の夜を月に照らされ　　霜月照人悄

嘆きつつまだ宵ながら　迢迢夜未闌
夢寒し　鴛《おし》の帳《とばり》に　鴛夢幃展轉
誰をかもうらむ涙か。　珠涙向誰彈

春の夜

窓の月はや傾ぶきぬ　人去りて　半窻斜月人歸後
枕つめたや　微風《そよかぜ》に夢さめてみる　一枕清風夢破時
梨の花　咲けども春の寂《さび》しらに　無奈梨花春寂寂
啼くや一聲ほととぎす　聞けば悲しも　杜鵑聲裡祇顰眉

秋雨

秋のなが夜の雨の音　秋雨沈沈滴夜長
うら寂び聴くや寝もやらで　夢難成處轉凄涼
桐の葉にまた芭蕉葉に　芭蕉葉上梧桐裏

落つる雫の身にぞ泌む　　　點點聲聲有斷腸

長夜

西の窓邊に月落ちて帳《とばり》の奥に　　　月轉西窓斗帳深
灯《ひ》は暗く香爐も燃えて閨《ねや》寒み　　　燈昏香爐擁寒衾
風にほのかな笛の音に魂《たま》はさまよひ　　　魂飛何處臨風笛
誰が擣《う》つや霜夜の砧　胸も裂けよと　　　腸斷誰家擣夜砧

春のおもひ

なにか寂しやここだくも　　　寂寂多愁客
春まだ浅ききさらぎの　　　傷春二月中
雨にぬれたる花のごと　　　惜花嫌夜雨
病めば身にしむ春の風　　　多病怯春風
藪うぐひすの聲高く　　　不禁鶯聲碎

むすぶ胡蝶の夢はかな　　那堪蝶夢空
目ざめ清《すず》しき海棠の　　海棠方睡足
影は簾に陽はとろろ　　簾影日融融

「繊弱」と言われる淑真の詩は、いかにも女性詩人ならではの自然に対する繊細な感覚がはたらいているのが見られ、また閨怨の雰囲気を漂わせているが、その詩からこれといった作者の鮮明な個性が読み取れるわけではない。自分をとりまく小さな自然のたたずまいを細やかな感性でとらえ、それに、寂寥、孤独、孤閨の嘆きといった心象風景を重ね合わせて、品良く上手に詠った詩という印象が強い。きれいな詩だとは思っても、読者の心を捉え、その内面まで迫るような力を欠いていることは否みがたい。その詩才は凡庸ではないにせよあざやかとまでは言い難く、詩想は深みを欠き、詩的完成度もさほど高いとは思われず、あたかも歌詠む才ある江戸の女性たちの歌、

暮れてゆく秋のかたみはなかなかにのこるもさびし庭のしらぎく
くれはてば何を形見の草の原今より秋のおもがはりして

といった歌を読むような心地がする。
それは別としても、那珂氏はそのようなさしたることもない詩の作者になぜか惹か

れるところがあったと見え、それを一五編も訳出しているのだが、訳詩としての出来栄えはなかなかにみごとなもので、原詩を離れ立派な文語詩となっているのには、感嘆せざるをえない。氏の訳詩は近代詩の感覚からすればいささか古めかしい感じはするが、原詩の抒情性を巧みに伝えてはいるし、しらべも流麗で、なによりもそれ自体が詩になっているところがよい。豊かな詩心と力量あっての訳業である。漢詩の和訳としては、やはり出色の出来栄えと評するに足るものと評価したいところだ。

那珂氏が、傑出した詩人とも言い難い朱淑真の詩をなぜ数多く訳したのかはわからないが、この詩人の詩が翻訳しやすく、日本語の詩に仕立てやすいところがあったからだと思われる。訳出しようとする対象が大詩人の作品だと、訳者は当の詩人に畏れを抱き、どうしても委縮してしまいがちである。大詩人ではなくまずまずの詩人の作品だと、訳者は原詩に対してより大胆かつ自由にふるまう心理的余裕が生じ、訳詩は成功を収めやすいと言える。カール・ブッセの平凡な詩を、原詩を超えたみごとな日本語の詩にした上田敏や、『即興詩人』という訳詩の一大傑作を生んだ鷗外の場合がそうである。傲慢不遜と思われようが、詩を翻訳する場合、「この程度の詩人なら俺にもそれなりに料理出来る」という自信をもって原詩に臨むと、比較的よい訳詩が生まれるように思う。かつて『ギリシア詞華集』を全訳した際に、自分でもまずまずの訳と納得できたのは、いずれもマイナー・ポエトか無名のエピグラム詩人の作であった。

それはともあれ、読者には朱淑真の原詩を覗きつつ、那珂氏の名訳をとくと味わっていただきたい。それがこの小文の意図するところだからである。

李清照

中国に抒情詩の一形態ではあるが、正統な詩とは見なされなかった「詞」と呼ばれる韻文文学があることを知り、それに初めて接したのは、岩波版「中国詩人選集」に収められていた村上哲見氏による『李煜《りいく》』を読んでのことであった。詩と詞の違いもろくにわからぬままに、氏による訓読と懇切な訳注の助けを借りて読んだのだが、宋に滅ぼされた五代十国時代の亡国、南唐の君主であった後主の詞とは、なんとも艶麗なものだという印象だけが残った。もはや半世紀近く昔のことになる。詩とは異なりあらかじめ存在するメロディーに合わせて作るので「塡詞《てんし》」とも呼ばれるというこの歌辞文芸には、正直に言って当時はあまり興味がもてなかった（実は今もその美しさや面白さがよくわからないのであるが）。集英社版の漢詩大系の通読を試みた時にも、最終巻の『歴代名詞選』だけは敬遠して読まなかった記憶がある。

その後、中国の詩史に名をとどめる約四〇〇〇人の詩人のうち、女性ではただ一人、男性詩人たちに伍して第一級の詩人と目されているのが、宋代の女性詩人李清照だということを知って、遅まきながら改めて彼女の詞を読んでみようという気をおこしたのであった(李清照はより正確には「詞人」と言うべきだが、彼女は詞のほかに詩も遺しているので、詩人と言ってさしつかえはないだろう。それに、中国では正統な詩とは見なされず軽んじられたにせよ、東西古典詩のひとつとして見れば、「詞」はまぎれもなく詩そのものであり、その作者は詩人以外の何者でもない)。「文采第一」と評され、朱熹によって「本朝の婦人で文を能くするは只李易安と魏夫人あるのみ」と激賞された、中国第一の女性詩人ということになれば、東西の女性詩人の系譜をたどっていた身としては、読まずに済ませるわけにはいかなかったのである。以前読んだ『Women Poets of China』という英訳女流詩人詞華集にも、「中国第一の女流詩人」としてその作が載せられていたし、手許にあるフランス語訳の中国古典詩詞華集にも、「中国の最も著名な女性詩人」としてその詞が乗っている。彼女が歴代の女性詩人の中では群を抜き、屹立した存在であるばかりか、多くのすぐれた詞人を輩出した宋代にあって、男性詞人に比してもいささかの遜色もない傑出した詞人だという評価はゆるがないようである。彼女はまた詞論家として名高く、中国の女性として初めて文芸評論を書いた人物でもあったという。中国は世界的に見ても稀な、異様なまでに長い伝統を誇る文学を有するが、その中にあって文学の担い手としての女性は、まったく影が薄い。これはわが国の文学の黄金時代である王朝文学が、もっぱら女性たちによって築かれていたのとは、著しい対照をなしている。李清照の評伝の著者徐培均はそれを、「長い歴史の回廊をみても、女流作家は暁天の星のように寥寥たるもので、指を折れば足るほどのものにすぎない」と言っているが、そんななかで、李清照はまさに屹立した女性詩人として認められているのである。

となると、なんとしてもこの突出した詩人を読まないわけにはいかなかったのだが、ところがこれが予想外に難行苦行であった。まず読もうにも、この詞人の作品は、彼女の代表作七編を中田勇次郎氏の流麗な翻訳と併せ収めた前掲の『名詞選』以外には手許になかった。そのうちに徐培均著・山田侑平訳『李清照　その人と文学』や村上氏の『宋詞の世界―中国近世の抒情歌曲』が出たり、また中国、台湾で出ている『重輯李清照集』、諸葛億兵『李清照詞選』、任日鎬『宋代女詞人評述』といった本を入手したので、少しばかりこの詩人の相貌を窺うことができたが、残念ながら現代中国語の力不足でそれらを十分に活用できなかった。わたしにはわが国の専門家の知識を借りずして、独力でその詞を味わい、評するだけの力がない。音曲とむすびついた詞という韻文作品には、詩とはまた別の難しさがあるようで、門外漢にはそれを味わい楽しむことは容易にはできかねるのである。結局この傑出した女性詞人の作で、わたしがその美しさなどをなにほどか感得できたような気がするのは、中田氏の訳に助けられて詠んだわずか七編の詞にすぎない。詞というものはなかなかの難物であることが痛感されたのであった。

詞の鑑賞以前のそんなお粗末な知識と理解力で、李清照について云々するのは不遜のきわみで大いに憚られるのだが、氏によって選ばれた代表作は、その流麗な調子といい、そこから浮かび出るイメージといい、まったくの素人眼にもさすがに美しい。なかでも傑作として名高い「醉花陰」と後年の最高傑作「聲聲慢」の二編は、一段とすぐれた作のように思われる。徐培均の伝などによってまずこの詩人について一言し、次いでわたしには最も美しく魅力的だと感じられる詞「醉花陰」を、中田氏の流麗で情緒たっぷりのみごとな訳詞と併せて瞥見してみよう。

　さてこの詩人だが、易安居士と号した李清照は十一世紀末（一〇八四年）に学者として山東一帯で名を馳せていた李格非なる人物と、教養高く文を善くした女性を母として生まれた。北宋末年に生まれ、宋が金との戦いに敗れて中原を失って南方に移り、南宋となった時代の人である。学者の家に育ち母もまた詞翰に工《たくみ》だったという彼女が、少女時代から詩文に深く親しんで詩心を養い詩作に耽り、やがて中国史上最も傑出した詩人となったのも、幼時からの環境によるところが大きいと思われる。

　十八歳で、やがて金石学者として令名ある存在となる趙明誠に嫁したが、結婚生活は幸せで、彼女は三歳年上のこの夫を熱愛し、相思相愛の二人は詩詞の唱和をしたというから、稀に見る理想的なカップルだったわけである。かくて琴瑟相和して夫とともに学問に励み、夫に協力してその筆削に与ったというが、夫が仕官したため、仕事の都合でしばしば長期間にわたって家を空けることがあり、李清照はそのたびに離別の悲しみを味わい、空閨を嘆くことになったが、そこから生まれたのがこの後で引く名詞として名高い「醉花陰」をはじめとする別離の情を詠った数多くの詞であった（彼女の詩の仏訳者であるカルタンマルクは、「肺腑を衝くような哀しみを詠った李清照の詞は、好んで愛を詠う詞というものが、妓女の愛と同様に夫婦愛を詠うのにも適っていることを物語る」と言っている)。

幸福な結婚生活を送った李清照であるが、彼女とその夫も、当時北宋の王朝内部での蘇軾に代表される旧法党と、王安石を中心とする新法党との熾烈な政治的抗争に巻き込まれ、苦悩する日々もあったらしい。やがて官を退いた夫は金石書画の蒐集と研究に没頭し、彼女は夫の良き助手としてそれに協力し、ほぼ二〇年を要したこの仕事は、中国の貴重な文化遺産となった『金石録』として実を結ぶことになる。だがこうした学問に没頭する幸せな生活は長く続かず、既に北方の金の侵攻を受けていた宋は戦に敗れて江南の地へ移って南宋となったが、戦乱の中で湖州知事に任命された趙明誠は、任地へ赴く途上で健康(後の南京)に滞在中に病を得てそこで没した。李清照は愛する夫の突然の死に激しい衝撃を受け、以後は亡国と流浪という二重苦を背負って江南の地を転々とする生活を送り、夫とともに苦心して蒐集した貴重な文物もすべて散佚してしまったという。悲惨な流亡の日々の中から、孤独のうちに六八歳で没するまで、数々のすぐれた詞を生み出したのであった。ここにも、悲惨な体験や状況がその詩人の芸術的境地をいっそう深め、傑作を生ましめるという事例が存在するのが見られる。

李清照は学識の深さでは碩学である夫に劣らなかったというが、その本領はやはり学問よりも詩人としてのそれにあった。彼女は、詞のほかにわずか一五首だが詩も作っており、金軍の侵攻に際しては民の運命にはかまわずにひたすら南へ逃げることばかり考えていた高宗趙構の態度に憤激して作った、

夏日絶句

生当作人傑　　生きては當《まさ》に人傑となり
死亦為鬼雄　　死しては亦鬼と為るべし。
至今思項羽　　今に至るも項羽を思う、
不肯過江東　　江東に過《わた》るを肯《がへ》んぜざりしを。

このような風刺的な内容の詩もあり、また

春残何事苦思郷　　春残して何事ぞ　郷を思いて苦しむ
病裏梳頭恨最長　　病裏梳頭《そとう》　最も長きを恨む
燕梁語多終日伴　　燕梁　語多くして　終日伴う
薔薇風細一簾香　　薔薇に風細くして　一簾に香る

といったこまやかで繊細な佳詩もあるが、その出来栄えは彼女の詞には及ばないと見える。詩人としてのその真面目は、何と言っても平易にして優美なことばで綴られ、情緒豊かで調べ美しく、佳句に富んだ詞にあるように思われる。その手になる数多くの詞の中では、別離の詞、愛する夫の不在を嘆く、哀音の色濃く漂う作がやはり魅力的である。その一編として、結婚後まだ日が浅い頃の作と見られる傑作「酔花陰」を次に掲げよう。

九日

薄霧濃雲愁永晝
端腦銷金獣
佳節又重陽
玉枕紗厨
半夜涼初通

うすくこく霧《きり》たちこむる日永《ひなが》をかこちつつあれば
ひとりにくゆる端脳《ずゐのう》もきえはてにけり
佳節《かせつ》はまた重陽《ちようやう》となりぬ
玉の枕《まくら》　うすぎぬのとばり
みにしみ透《とほ》る夜半《よは》のすずしさ

東籬把酒黄昏後
有暗香盈袖
莫道不消魂
簾巻西風
人比黄菊痩

たそがれののち東《ひがし》の籬に酒《さけ》をくめば
よるの香《か》はそでにたまりぬ
さびしからずといはずもあらなむ
すだれうごかしあき風《かぜ》吹きて
人《ひと》は黄菊《きぎく》の花よりも痩《や》せたり

夫が家を離れていた折り、重陽の節に当たって離愁別恨の念に耐えず夫に書き送ったというこの詞は、夫を嘆賞させてやまなかったというが、離愁の想いが切々と詠われていて、読者の胸に強く訴えかけてくる。原詞を味読する学力のないわたしは、ただ中田氏の流麗な訳詞に心を動かされているだけなのかもしれないが。訳詞を介してもなお彼女の詞が読者の琴線にふれるのは、原詞にそれだけの力があるからである。

この詞はまず秋の凄涼たる風景を詠うことに始まっているが、「悲秋」と言われる秋も深まりつつある頃、薄く霧が立ち込め、濃い雲が垂れ込めているさなか、別離の哀しみに耐えかねた女性が、独り閨の中で物思いに耽っている姿が、彷彿と浮んで来る。巧みな描写だと思う。「玉枕紗厨」（玉の枕　うすぎぬのとばり）という美しい句を織り込み、女性が孤閨をかこっているさまを暗示しているのがわかる。寂しさを紛らわせようと籬に出て独り酒を酌んでいると夜の冷気にはっとすることを言った後、「道《い》う莫《なか》れ魂消えずと」（さびしからずといはずもあらなむ）という、内心の衝迫、激情を強く打ち出した句を置いているのが、実に効果的であるとわたしには見える。離別の情に耐えかね憔悴したみずからの姿を、痩せて咲く黄菊と重ねた最後の句は、いかにも絶妙との感を与えずにはおかない。任日鎬はこの句について、これぞまさに「衣帯漸く寛くして終に悔いず、伊《こ》れが為に消し得たり、人の憔悴するを」の境地だと言っているが、いかにもとの感が深い。ちなみにカルタンマルクによる仏訳では、この句が pétale de fleur d'orchidée est moins mince que moi. と訳されているように、「人」が作者自身を指していることは明らかである。

徐培均はこれを評して、

この「瘦」の字が全詞の精神を凝集させ、感情と景物をひとつに融合し、人物の性格の主要な特徴をしっかりとつかんでいる。まことに神來の筆というべきである。

と絶賛しているが、専門家のみならず中国の読者はそれを強く感得するのであろう。こういう詞に接すると、最後の二句から、額田王が天智天皇を思って作ったという歌、

君待つと我《あ》恋ひ居《を》ればわが宿の簾動かし秋の風吹く

を想起するのは、わたしが日本人読者だからだろう。李清照には右の一編に劣らぬ傑

作とされる、亡き夫を偲んで作った詞（悼亡之詞）「聲聲慢」があるが、割愛せざるをえない。和泉式部が亡き師宮を偲んで作った「師宮挽歌群」の中の一首、

住吉の有明の月を眺むれば遠ざかりにし人ぞ恋しき

を想わせる「遠ざかりにし人」を恋うる悲哀に満ちた詞である。いずれにせよ、「詞」というものに関する知識が不十分で、その真価はわからぬまでも、李清照が中国屈指の傑出した女性詩人であり一読するに堪える詩人だと思った次第であった。それが遅蒔きながらこの詩人を知った収穫であった。

和泉式部

和泉式部の歌を熱心に読むようになったのは、大学院を「退院」して教師になるしばらく前、ロシア文学を離れてサッフォーを中心とするギリシア抒情詩の勉強に本格的に取り組み始めた頃であった。それまでは和泉式部と言えば「黒髪の乱れもしらずうち伏せば」、「あらざらむこの世のほかの想ひ出に」、「冥きより冥き道にぞ入りぬべき」など数首の人口に膾炙した名歌の作者としてしか知らず、格別に深い関心はな

かった。だがその頃つまりは一九七一年に、わが先師寺田透先生の『和泉式部』が筑摩書房の「日本詩人選」の一冊として出たのである。畏敬する師の著書とあって、わたしは早速にそれを買い求め、先師の独特の難解な文章と特異な措辞に悩まされつつも熟読したが、「和泉式部とはそんなに独創的なすぐれた歌人だったのか」という驚きをもって、新たな詩人を発見したかのような思いを抱いたものだ。それ以来和泉式部は式子内親王とともにわたしの偏愛の歌人となっている。老来東洋回帰が進むにつれて、かつては心惹かれたヨーロッパの女性詩人たちは次第に遠ざかり、脳裏から消えていったが、和泉と式子は今もなおしばしばその歌集を繙く存在でありつづけている。

サッフォーの世界に次第に深入りしてゆく過程で、併せてヨーロッパにおけるこの詩女神の末裔とも言うべき女性詩人たちの系譜をたどり、その作品にふれているうちに、「フランスの和泉式部」とも言うべきルイーズ・ラベに出遭い、さらにはこのルイーズと姉妹の如く似通ったところのある晩唐の詩人魚玄機を知ったことで、「悲恋の詩人」としての和泉式部に一気に関心を深めて、その歌を耽読するようになったのであった。この歌人を研究しようなどというつもりは毛頭なかったが、和泉式部という歌人をもっとよく知りたいと思う気持ちは高まるばかりであった。いずれも恋を詠って名高い「うたう女」であり、「サッフォー――ルイーズ・ラベ―魚玄機―和泉式部」という四人の女性詩人が頭の中で重なり合い、交錯し、一種輪のようなものを形作っていて、恋多き女《アムールーズ》としてのその同質性、近似性といったものが脳裏を離れることがなかったのである。とはいえ、サッフォーその人と、「ローヌのサッフォー」と言われたルイーズ・ラベについては、いずれその詩を翻訳し、またわたしなりの詩人像を描いてみたいという願望を抱いたが、和泉式部に関しては後日自分がこの歌人についての小著を著し、世に問うことになろうとは夢にも思わなかった。

　それが思わぬ形で実現したのは、偏に先師寺田先生に応えるためであった。拙著『和泉式部幻想』が岩波書店から刊行されたのは今から一四年前の二〇〇九年のことであるが、実はそれに先立つことほぼ四〇年前に、まだ大学院の学生だったわたしは、先生の『和泉式部』のある個所に疑問を覚え、うかつにもある酒席で先生に向かってそれを口走るというとんでもないことをしでかしたのであった。まさに軽挙妄動で、和泉の歌がろくにわかってもいなかった未熟者の恐ろしさである。それに対して、先生は毅然として静かに、「異論があるなら、それを具体的に論として示さなければ駄目だ」と言われたのであった。冷や汗三斗、己の軽率さを恥入りながら、「はい、いつかはやってみたいと思います」などと、うなだれてぼそぼそとお答えした記憶がある。先生とはっきり約束したわけではないが、爾来自分なりにいつかはこの「約束」は果たさねばならぬと心に決め、先師がかの名著を出された齢をとうに越えてから、ようやく意を決してわたしなりの和泉式部論を書いたのであった。いささか独りよがりの、思い込みによる身勝手な和泉式部論で、当然のことながらなんの反響も反応もなく終わったが、ともかく亡き先師との「約束」を果たせたという安堵感だけは残った。あの本を書くにあたっては、国文学者たちをはじめとする数多くの先学諸家の著作に学ぶところが多かったが、なかでも古典評論として抜群の筆致の冴えを見せている先師の『和泉式部』と、馬場あき子氏の『和泉式部』には教えられるところが多く、眼を洗われる思いであった。国文学者たちの著作に関して言えば、和泉式部という歌人について多くを教えられたが、そこに鋭い批評眼、詩眼を感じることは稀であった。実証だの学問的に堅実な研究だのという意識が強すぎて、詩を（和歌も言うまでもなく詩である）詩として読むという姿勢が希薄なところが、概して国文学者の著作には見受けられるようである。

この本では、和泉式部が東西の古典詩人の中でも、また古今の女流詩人としては傑出した第一級の存在であることを、東西の女性詩人たち、サッフォーや魚玄機、ルイーズ・ラベ、クリスティーナ・ロセッティ、はてはディッキンソンまで引いて強調したつもりだが、その主張がどれほど認められたかは、まことに心もとないかぎりである。国文学者たちは横文字屋の書いた歌人論などには見向きもしないから、それは一向に構わないが、歌人や詩人たちからの反応がなかったのには落胆した。書きえたものは、所詮は「わたしの和泉式部」の域を出なかったかと思う。それが「沿線の小石のごとく」無視されたとしても仕方がない。とはいえ、和泉式部論ではあっても、それまでサッフォー、ルイーズ、魚玄機をはじめとする女性詩人たちの作品をずっと読んできて、それらの詩人たちについて抱いたさまざまな思いをもそこに投入したので、わたしの著書の中では最も思い出深いものとなっている。

そういう次第で、和泉式部という歌人については、あの本で彼女の歌を通じて、その人物像、「うたう女」としての姿を描くことに精魂を傾け、思うところを言い尽くしたので、もはや新たに言えることはない。

いま旧著を読み直して思うことは、恋を、とりわけ恋の悲哀を詠うことにかけては古今に比類のないほどの歌を残したこの王朝の女人とその歌について述べるからには、彼女の歌には東西古今の女性詩人の中でも異例なほど肉感的であり、濃厚に性の匂いが立ち込めていることを、もっと強調してもよかったのではないかということである。変なことを言うやつだ、和泉式部を汚すものだと言われるのを懼れすぎたのである。

和泉式部という女性を「愛欲に生きた歌人」などと露骨に呼ぶことはためらわれるが、その数々の恋の歌を見るかぎり、彼女が異例に豊饒な恋愛体験をもち、奔放不羈な恋愛生活を送り、その体内に「愛欲」としか呼びようのない、激しい情炎が燃え盛っていたことは否みがたい。道長に「うかれ女《め》」と揶揄され、紫式部に「和泉はけしからぬ方こそあれ」と、その奔放多情な生き方を手厳しく批判された和泉は、ただそれだけの多情多淫の女ではなかった。恋への渇仰に燃え、愛欲に憑かれたこの女人は、それを濃艶で官能性豊かな、情感の滴るような歌、そしてしばしば濃厚に女の性の匂いが漂う歌として表白し、それが彼女を古今の女流詩人の中で屹立する存在としたのである。同じく詩人ではあっても彼女は、師頼山陽への強い恋心を抱きながらも、「一たび生涯を誤らば　何ぞ追うべけんや」と静かに諦めて恋心を詩の中にのみ封じ込め、「清貞」な生涯を貫いた江馬細香のような女性ではなかった。また内に奔騰する激情、恋情を強く抑制し圧殺してその生涯を終えた式子内親王の対極にある女人であった。「みずから能く宋玉を窺い」、進んで恋を求めてそこに身を投じ、それを詠わずにはいられないのが和泉式部という天才的な稀有の女人であった。恋の歌と言ってもそのほとんどが愛の歓喜ではなく、失われた恋、愛がもたらす悲嘆、恋する身の悲哀を詠った彼女の歌は、恋に憑かれた女がみずからの性を見つめ。肉体を凝視したところから発していることは確かだと思われる。無論それが和泉と言う歌人のすべてではないにしても、である。

わが国の王朝文学をはなやかに彩ったものが、数多くの女流歌人たちであることは周知のことだが、和泉を除くと彼女たちの歌には、仮にそれが官能的なものであっても性の匂いはせず、作者の肉体そのものの存在が感じられることはほとんどない。わずかに世に色好みの美女として知られた小野小町の

いとせめて恋しきときは　むばたまの夜の衣《ころも》をかへしてぞ着る
人知れぬわれが思ひにあはぬ夜は見さへぬるみておもほゆるかな

といった歌に、かすかにそれが感じ取れる程度ではないかと、わたしには思われる。和泉と対蹠的なのが式子内親王であって、清楚な女性でありながら一面激情の人でもあった彼女の清冽な歌からは、女人の肉体や性の匂いはまったく感じられない。また藤原公任によって和泉との歌才の優劣が問われた赤染衛門の歌なぞには、恋が詠われている場合でも、そこには恋情はあっても性はなく、肉体の存在はまったく感じられない。ましてや『源氏物語』の作者であると同時に歌人でもあって、

水鳥を水の上とやよそに見む我も浮きたる世を過ぐしつつ
数ならぬ心に身をばまかせねど身にしたがふは心なりけり

といった一種「思想的」と言ってもよい歌を詠んだ知性の女人紫式部ともなれば、(『源氏物語』に見るように決して官能的な愛を知らぬわけではないのに)、その歌にも身辺にも、およそ性の匂いがないと言ってよい。また和泉に劣らず奔放な愛欲の生活を送り華やかな男性遍歴を重ねた情熱の歌人で、

難波潟みぢかき葦のふしの間も逢《あ》はでこの世を過ぐしてよとや

という一首で名高い伊勢にしても、恋の諸相を詠った彼女の歌には恋の哀歓やそれがもたらす心のひだが艶麗に詠われてはいるが、そこには愛欲に生きる女の性を感じさせるものは不思議なまでに希薄である。歌才豊かな相模や、官能あふれる恋の歌の作者であった俊成卿女にしてもやはりそうである。

だが和泉式部という女人の歌はそうではない。生々しい恋の体験から、彼女の肉体そのものが発したかのような感があるのが、この歌人の愛の歌である。奔放な彼女は愛欲に生きることを否定せず、それによって得た哀しみを、一貫して女としての肉体を通じて表現したのが和泉である。彼女には異様なまでに強い性的な資質、先師のことばを借りれば「性思」の強さがあったことは認めねばなるまい。事実、

玉すだれ垂れこめてのみ寝しときはあくてふこともしられやはせし
黒髪の乱れも知らずうち臥せばまづかきやりし人ぞ恋しき
枕だに知らねば言はじ見しままに君かたるなよ春の夜の夢

といった情交の跡をとどめ閨房の匂いが漂う歌には、これを詠んだ和泉の肉体の存在がまざまざと感じられるのである。「をみなへし」と題された、性への欲望、先師の言う「性思」を露わに表出した次の歌については言うまでもない。

花よりもねぞみまほしき女郎花おほかる野辺をほり求めつつ
（「ね」に「根」と「寝」をかけ、「ほり」に「掘り」と「欲り」をかけた歌）

女郎花の花よりも根を見てみたいものだ、つまりは女の顔なんぞ見るよりは共寝をしてみたいものだという歌であって、たとえ男の立場からの代作のような歌だとしても、そこには彼女自身のうちに潜む「性的なもの」への希求が強く表現されていることに変わりはない。和泉が常に己の肉体を強く意識していたことは、恋の歌ではなく師宮への挽歌である「すてはてむと思ふさへこそ悲しけれ君に馴れにし我が身と思へば」という一首からも窺われる。「身」とは肉体そのものを指している。彼女にはまた、

思ふことみな尽きねとて麻の葉を切りに切りても祓ひつるかな

という歌があるが、これも彼女の身を灼く炎の苦しみ、肉体のもたらす苦悩を詠った一首だとわたしには思われると以前小著で遠慮がちに述べたが、「思ふこと」が愛欲の念を指していることはほぼ確実だと今は断言したいところだ。この歌から浮かび上がってくるのは、抑えがたく心中に湧いてくる愛欲の念、「性思」に悩まされ、それを必死に振り払おうとして、憑かれたように物狂おしく麻の葉を切り捨てている女の姿である。「思ふことみな尽きねとて」という激しい表現、「切りに切りても」という

執拗な反復行為を表すことばの中に、それがまざまざと現れていると思うのである。王朝の女流歌人で、こんな肉感的な歌を詠んだ女人はほかにいない。そこにはまた身を灼く情炎に苦しみ、それを悲嘆に満ちた詩句に託した魚玄機やルイーズ・ラベと共通する女性像が確かにあるように思われる。

言うまでもないことだが、今ここでわたしが小著への補足、言い足りなかったこととして述べた和泉における「性思」の強さ、その歌に立ち込める濃厚な性の匂いという特質は、恋を詠うことにかけては比類なき才を発揮したこの歌人の一面にすぎない。歌全体から切実痛切な嘆きの声が聞こえてくる歌人、はなやかでありながらも、その基底に底知れぬ暗さを秘めた歌人であり、知的な精神の持主で、自己凝視の人でもあった彼女はまた、その哀傷歌、挽歌においても群を抜いた豊かな詩才を見せた歌人でもあったことは、小著に述べたとおりである。「師宮挽歌群」や愛娘小式部の志を悼み嘆いた歌群は、王朝の女流歌人の生んだ数々の歌の中でも一際暗い耀きを放っている。わが国の王朝和歌がかような詩人をもちえたことは、女性の手になる東西古典詩史の上で、特筆に価することを、改めて強調しておきたい。

式子内親王

一〇年あまり前に『式子内親王私抄―清冽・ほのかな美の世界』という本を出した。東西のそのかみの「うたう女」たちに格別の関心を寄せ、その作品の世界を追ってきたわたしにとって、和泉式部とともに文学的「面影びと」であるこの歌人についてささやかな本を書くことは積年の夢であった。だがそれを著書として世に問うことは、一読者がその恋心を公の場で告白するような行為に思われて、羞恥心から容易には筆を執ることができなかった。式子の歌を愛好していることを世の人に語ることで、自分ひとりがひそかに大切にしてきたものを手放してしまうような気がしたのである。それが古稀を迎えた老骨となって羞恥心も薄らぎ、ようやくそのかみの佳人に抱く懐いを表白することができた。『和泉式部幻想』と同じく、この本も結局は「わたしの式子内親王」以上のものではなく、またそういうものとして書いたのである。わたしは一旦自分の手を離れた著書というものにあまり愛着を感じない人間だが、『和泉式部幻想』とともに、この本には格別の愛着がある。研究でも評論でもないこの歌人に関する私論は、わたしの内面の表白でもあるからだ。

式子内親王という女人は、後白河皇女というやんごとなき身分に生まれながら、暗黒に包まれた激動と戦乱の時代を生きたその生涯で次々と肉親の死に遭い、平家打倒を謀って挙兵した弟以仁王の無残な敗死、後ろ楯であった叔父公光の失脚、妖言事件への関与を疑われ洛外追放の危機に逢うなどの不幸をも経験した人である。ごく年若くして斎院に卜定されたその生涯は、斎院退下後も独棲を余儀なくされ、決して明いものではなかった。この歌人を愛し高く評価していた萩原朔太郎に言わせれば、「式子内親王の一生は、實に薄命と孤獨の一生だった」。彼女は「人は尋ねぬ松の戸」に幾重も閉じた蔦のもみじ葉の蔭で、孤独を噛みしめつつ、「我れのみ知りて過ぐる月日」を送り、「我のみしりし世を恋」うる心を抱いて後半生を生きた女人であった。悲運の女性とまでは言えないまでも、彼女の心を暗くしたさまざまな不幸な出来事が、生来内向的で閉鎖的な性格をいっそう助長し、孤絶意識を深めていったことは、ほとんどがモノローグであるその歌が如実に物語っているところだ。

そういう状況の中で、徹底した観照者としての姿勢を貫き、生きて世に在ることの哀しみを凝視し、深い鬱情と悲傷に閉ざされながら、清冽でほのかな美を湛えた優艶な歌を詠んだのが式子内親王という歌人であった。と同時に、歌人としての式子の名を高めているその「忍ぶ恋」の歌が、ほとんどが題詠であるにもかかわらず、抑制の壁を突き破らんばかりの激情を迸らせているのも、彼女の特質である。わたしの書いた小さな本は、そんな歌を詠んだそのかみの高貴な女性へのオマージュであり、式子に宛てた恋文のごとき本であった。拙著を進呈したさる女性の国文学者から、「全体が抒情的な散文詩のような印象を受けました」という礼状を戴いたが、そんなふうに読んでくださる方がいることがうれしかった。あれから一〇年あまり、今もなお式子はわたしの愛する歌人であり、その歌が脳裏を去ることはない。以前どこかで、太平洋戦争中に召集されて戦地に赴いた学徒兵の中に、式子内親王歌集を背嚢の底に忍ばせた者たちが少なからずいたということを読んだが、死を覚悟して戦場に向かった若者たちは、式子の歌を読むことでそのかみの高貴な女人に思いを馳せ、女性への憧れを満たしたのではなかったろうか。

われながら不思議だが、いつの間にか式子と明治の歌人山川登美子とを重ね合わせて考える癖がついてしまい、わたしの中では、この二人の歌人を切り離して考えられなくなっている。情熱と行動の人として常に脚光を浴び、華々しく文学活動を繰り広げた与謝野晶子の蔭に隠れ、ひっそりとつつましやかに翳りのある悲哀の歌を詠んで早世した、日陰の花とも言うべき存在が登美子という女性である。

それとなく紅き花みな友にゆづりそむきて泣きて忘れ草つむ

という彼女の歌は、その薄幸の生涯を象徴している。登美子と式子という二人の女性は、時代や境遇を異にするのみならず歌人としてのその資質も歌風も異なっているところはあるが、生の重みと哀しみを全身で受け止め、その悲傷と苦悩する魂を、深く翳りを帯びた孤独寂寞の歌として表出したという点では、深く相通うものをもっているると思うのだ。

日に千度《ちたび》心は谷になげはててあるにもあらず過ぐる我が身は
恨むとも歎くとも世の覚えぬに涙なれたる袖の上かな

という歌を詠んだ式子と、

海に投ぐもろき我世の夢の屑朽木《くずくちき》の色を引きて流れぬ
ながらへばさびしいたまし千斤《せんきん》のくさりにからみ海にしずまむ
胸叩き死ねと苛《さいな》む嘴《はし》ぶとの鉛の鳥ぞ空掩《おお》ひくる

という暗く重い歌を詠んだ登美子とは、悲哀に染まったその魂においてあまりにもよく似たところがあるとわたしの眼には映る。内面に暗く痛ましいものをかかえ、幽暗孤絶の生涯を送って、みずからの死を予感した孤独な魂の叫びとも言うべき、

哀れ哀れおもへばかなしついの果て忍ぶべき人たれとなき身を

という悲痛な歌を遺した式子と、病床に在って己の間近い死を脳裏に浮かべて、

わが柩まもる人なく行く野辺のさびしさ見えつ霞たなびく

という痛ましく無限の寂寥を湛えた歌を遺して死んだ登美子とは、遠く時代を隔てた姉妹のようだ。式子が「古りし御姉《おんあね》」だったのは与謝野晶子ではなく、山川登美子だったと言うべきだろう。

それはともあれ、式子の歌の魅力とは何だろうか。何が詩人萩原朔太郎をしてこの歌人を絶賛させ、才媛ひしめく王朝女流歌人の中にあって、彼女をその詩才において和泉式部と並び立つ存在としているのだろうか。またわたしをも含む後の世の多くの読者は、式子という歌人のどういうところに心惹かれるのだろうか。それについてはすでに小著で縷々述べたので、ここでもう一度繰り返すことはしない。ただそこでは言い足りなかったことを、再度確認し強調しておきたい。

読者の文学的趣向によって、歌人としての式子を評価する点も異なり、彼女の歌のどういうところに魅せられ惹かれるのかも、人によって異なろう。世に「忍ぶ恋」の歌の作者としての式子の歌名は高く、過度にまで抑制された恋情を、内部から突き上げる激情と衝迫を、自虐的なまでの「耐える」という姿勢で詠ったその歌が、今日なおそれを読むわれわれの心を深くとらえることは事実である。

玉の緒よ絶えなば絶えねながらへばしのぶることのよわりもぞする
わすれてはうちなげかるるゆふべかなわれのみしりてすぐる月日を
我が恋はしる人もなしせく床の涙もらすな黄楊《つげ》のをまくら
恋ひ恋ひてそなたになびく煙あらばいひしちぎりのはてとながめよ
あはれともいはざらめやと思ひつつ我のみしりしよをこふるかな
生きてよもあすまで人もつらからじこの夕暮れをとはばとへかし

といった歌に色濃く漂う悲哀に痛ましさを覚え、それに胸を衝かれ心打たれない読者はいまい。それが題詠であり、恋の対象を明らかにせぬままに激しい恋情を詠う「秘められた恋の歌」という詩歌に広く見られる虚構だとしてもである。その恋の歌は、実体験を背後に持たない純然たる虚構とするにはあまりにも切実であり実感がこもっている。胸底に秘めた恋情の衝迫が、強く抑制されながらも、その抑圧に耐えかねて噴出していると感じられるからだ。式子の場合は、題詠であるからといって、そこに彼女の苦悩する心や秘めた激情が投影していないと即断するわけにはいかないと思う。同じく新古今の歌人ではあるが、式子は、亡き母への追悼歌を詠んでも、それを慟哭を伝える場とせず、あくまで一個の芸術家として当の歌を完璧な芸術作品とすることに全力を傾けた定家とは違うのである。式子の数多くの「忍ぶ恋」の歌は、彼女の心を領していた恋の苦悩や抑えがたい激情が、題詠という場を得て表白されたものだとわたしには思われる。あくまでそう思われるのであって、それらの歌が作者の実体験から出た表白だと主張するつもりはない。

式子という歌人に関してもうひとつ確実に言えるのは、式子の歌の特質のひとつは、そこで用いられたことばそのものの美しさだということである。磨き抜かれ、細い黄金の糸を織りなしたような繊細で艶のあることばで構築された詩的世界の夢幻的な美しさがその歌の身上だと言える。幽暗な世界に耀く白玉にも似た歌、清冽、優艶にしてほのかな美の漂う歌は、王朝女流歌人、中世初期の歌人たちの歌の中でも際立っており、その美しさはほとんど比類がない。澄明なその歌の詩的結晶度は異様なまでに高いものがある。わたしの知るかぎりでは、王朝女流歌人・中世女流歌人のみならず、古代ギリシア以来ヨーロッパの女性詩人でも、式子ほど美しいことばで、繊細で陰翳に富み、華麗なうちにも哀韻を宿した美しい詩を書いた詩人はほかにいないと思う。

山ふかみ春ともしらぬ松の戸にたえだえかかる雪の玉水
たえだえに軒の玉水音づれてなぐさめがたきはるのふるさと
窓ちかき竹の葉すさぶ風の音にいとどみじかきうたたねの夢
みじか夜のまどのくれ竹うちなびきほのかにかよふうたたねの秋
はかなしや枕さだめぬうたたねにほのかにまよふ夢のかよひじ

ほととぎすその神山の旅まくらほのかたらひし空ぞわすれぬ
花は散りてその色となくながむればむなしき空に春風ぞ吹く
あともなき庭の浅茅《あさじ》にむすぼほれ露の底なる松虫の声
今は我松の柱の杉の庵《いほ》に閉づべきものを苔深き袖

多くは暗い抒情を湛えたこれらの歌に見られる、ほとんど透明なまでに澄みきった表現、現と夢のあわいにあるかのような夢幻的世界、そこからほのかな艶が匂い立つかのような感覚、流麗な声調、どれをとっても心詞共に式子独自の詩的世界だと言ってよい。自然界の現象を繊細そのものの鋭い感覚でとらえ、それを内心の動きと共振させて美しく詠い上げた歌である。それはこの歌人が異様なまでに繊細で鋭敏な詩的感性の持主であったことを物語っている。この事実が式子を東西の女性の古典詩人の中でも、きわめてユニークで群を抜いた存在としていることを、改めて強調したいのである。レズボスの生んだ詩女神サッフォーは別として、アニュテーやノッシス、エリンナなど女性詩人たちも、マリー・ド・フランスやクリスティーヌ・ド・ピザン、女流トルゥバドゥールといった中世の詩人たちも、その詩想や描写力はともかく、抒情詩としての繊細にして巧緻な表現、詩的言語の純度・結晶度という点では、やはり式子には遠く及ばない。ひとり式子のみならず、わが国の王朝の女流歌人たちの歌は、ヨーロッパの古代・中世の女性詩人たち、それに中国の女性詩人に比して、一段と高い詩的水準にあることは確かだ。詩の言語として練り上げられたことばの錬成度という観点からすれば、これら海彼の詩人たちの詩ははるかに単純素朴である。

こう断言するのは決して過褒ではなく、ひとつには式子の歌が王朝和歌の特長にも拠っていると思うからである。女性詩人、女流歌人の歌にかぎらず、東西の古典詩に長く接してきて痛感することのひとつは、わが国固有の抒情詩である和歌という言語芸術が、いかに詩として特殊なものかということである。全体として見ると、その特質は日本人というものはほとんど思索せず、ひたすら情緒と美的感覚、それに感性によってのみ生きていたのかと錯覚させられるほどだと言ってよい。総じてわが国の抒情詩つまりは和歌には思想性、社会性といったものはほとんどなく、ひたすら感覚的情緒的で、審美的なものを詠うことに徹してきたのは周知の事実である。そのことが和歌の詩的世界を優美一途で多様性や社会性を欠いた狭隘なものにし、しばしば感傷的で繊弱、非知性的な文学にしていることは否みがたい。『萬葉集』にはまだ見られた思想性なども、王朝和歌以後は姿を消してしまう。これは和歌の弱点であり、マイナス面だと言える。その半面、自然界の現象の微細なあらわれや人間の抱く情緒や心理を鋭敏にとらえ、それを凝集度の高い洗練されたことばで詠い上げる表現能力を発達させたという長所をもっている。研ぎ澄まされた美的感覚によって支えられ、そして何よりも高度に精錬された詩的言語をもったという点では、和歌が東西の古典詩の中できわめて高い位置を占めていることは間違いない。これはわれわれ日本人が誇るに足る文学的達成のひとつである。そのような和歌の伝統を踏まえ、その特長を存分に発揮した典型のひとつが、式子の比類なく美しい清冽で優艶な歌だと思うのである。東西古典詩のなかでも、その点で彼女に比肩しうる女性詩人はまずいない。

クリスティーヌ・ド・ピザン

中世フランスの文学の園に咲いた大輪の花であり、知性の華であるクリスティーヌ・ド・ピザンは、不遇の詩人である。近代以降のフランス本国のみならず、わが国においてもやはりそうであった。かつては外国文学の中ではフランス文学が圧倒的な人気を博し、またわが国の近代文学に多大な影響を与えたにもかかわらず、この詩人の名は世に知られることもなく、訳詩が極めて乏しかったこともあって、その存在自体も作品も、専門家以外にはほとんどなじみがなかったと言ってよい。ジャンヌ・ダルクの名を知らぬ人はいないであろうが、同じ時代を生き、彼女を称え歌った詩を残したクリスティーヌ・ド・ピザンという詩人がいたことを知る人は少ない。その詩を読んだ人はさらに少ないであろう。

詩の世界においても、ボードレール、ランボー、マラルメ、ヴァレリーをはじめ、あまたのフランスの近・現代詩人たちが専門家のみならず一般読者の関心をも惹き、永井荷風や堀口大学などをはじめとするすぐれた訳詩家を数多く得て、その詩が少なからぬ読者を獲得してきたというのに、フランス最初の職業詩人・作家であり、保守的で頑迷な知識人と闘った婦人解放運動《フェミニズム》の輝ける先駆者でもあったクリスティーヌの詩をこの国の読者に伝え、その多方面にわたる文業を語る人は、不思議なほど少なかった。研究という面だけとっても、フランス文学者と呼ばれるあまたの研究者がいて、大詩人から三文詩人にいたるまでの作品が繰り返し翻訳紹介され、精細な詩の研究書があり、評伝や詩人論が盛んに書かれてきたばかりか、それらの詩人たちについての研究書や伝記類までが数多く翻訳されているというのに、ひとりクリスティーヌのみは無視されたかのごとく、長らく沈黙を強いられてきたのである。わたしにはずっとそれが不思議であった。

クリスティーヌはすぐれた詩人であるばかりか、女性の身でありながら詩作はもとより政治・軍務の方面にまでわたって幅広く筆を揮い、豊かな学殖を有する傑出した女性知識人として、『女の都』をはじめとする数多くの著作を残した。フランスの王位継承権をめぐる英仏百年戦争が終わりを迎えようとしていた時代、国が内乱で引き裂かれ、国内で血で血を洗う凄惨な戦いが繰り広げられていた一四世紀末から一五世紀にかけて生きた女性である。中世で一層激しさを増した女性嫌悪・女性蔑視の観念が社会全体に深く浸透していた時代に、女性への偏見と蔑視に耐え、個人的にも攻撃され、迫害されて苦難の人生を送りつつもなお、当時の知的世界で保守派の一大権威であった『薔薇物語』の作者ジャン・ド・マンを相手に敢然と論争を挑んだのが、この女性である。夫亡きあと文筆によって身を立てるべく学問の研鑽を積み、当時のフランスでも第一級の知識人となり、女性解放のために筆を執って論陣を張ったのであった。それだけでも瞠目するに足る女性なのに、この国ではその輝かしい事績がフェミニズムの論客たちによって取り上げられることもなく、語られることがほとんどなかったのは不思議で、奇怪でさえある。

一時期わが国でもヨーロッパ中世への関心が高まり、ほとんど中世ブームと言えるものがあって、中世関係の本が陸続と世に出たが、その状況でも依然としてクリスティーヌは知られぬままであった。わたしの知るかぎりでは、一四・一五世紀のフランス文学に光彩を添えたその詩が翻訳紹介され、論じられることもほとんどなかったように思われる。完全な古フランス語とも言いがたい中世末期のフランス語の難解な語法や表現が、この詩人の魅力ある美しい詩を日本語で伝えることを妨げたのかもしれないが、惜しんでもあまりあることであった。フランス最初の女性職業詩人・作家であり、博雅の著作家であったクリスティーヌが何を措いてもまずは詩人であり、広い教養と高い知性に支えられたその抒情詩が、今日なお十分読むに堪えるものであることを考えれば、彼女がわが国で「知られざる詩人」のままであるのはなんとしても残念であった。

そんな思いに駆られて、なんとしてもこの詩人の詩をわが国の読者の眼前に供し、その面影の一端なりとも伝えたいという一念で、クリスティーヌの詩の選訳に踏み切ったのが、二〇一七年のことである。思えばまさに暴虎馮河で、中世フランス語の知識もあやふやな一介の素人の身にしては大胆極まるおこないであった。幸い中世フランス文学のすぐれた研究者であり、かつてアベラールとエロイーズの往復書簡を共訳した横山安由美夫人を共編訳者に迎えることができ、彼女の知識と力を借りて分担訳をなんとか終えることができた。こうして訳詩五三編を収め、わたしの筆になる「小伝」と横山夫人による詩論を付した小著『詩人クリスティーヌ・ド・ピザン』(大和プレス・思潮社、二〇一八年刊)を世に問うことができたのは、老骨には望外のよろこびであった。函入りで、濃い藍色の表紙に執筆に励むクリスティーヌの肖像画を嵌め込んだ瀟洒な装丁の詩書であったが、本のページ全体が薄いブルーの色であったのも美しく、わたしにとっては思い出深い大切な一冊となっている。あれからもう五年の歳月が流れた。己が力量を超えた所業ではあったが、出来栄えはともかく、クリスティーヌの詩を初めてまとまった形でこの国の読者に供することができたのは、わたしのささやかな誇りとするところである。ごく少部数の刊行だったので、あの本を手にした読者はほんの少数であろう。それでもよい。ひそやかな形によってではあるが、クリスティーヌ・ド・ピザンという傑出した異邦の女性詩人を、ともかくもこの国に招来できたのだから。言ってみれば、老いらくの恋がようやく実ったようなものである。

ところで肝腎のクリスティーヌの詩であるが、すぐれて知性の人である彼女の詩は、わたしが多く関心を寄せてきたサッフォー、ルイーズ・ラベ、ガスパラ・スタンパ、魚玄機、和泉式部のような、みずからの体験した愛の哀しみ、悲恋を詠ったものではなく、それらの詩人たちの愛の詩とはやや質を異にしたものである。幸福な少女時代を送りながらも、年若くして寡婦となり、フランス全土が内乱により治乱興亡に明け暮れた乱世、動乱の時代を、苦難と苦悩に耐えつつ敢然と生き抜いたルイーズは、人生の苦悩を詠った詩人である。その詩の中核をなすものは、愛の苦悩と悲哀である。いかにも苦悩こそが詩人として彼女が選び取った題材であるが、愛の哀しみと苦悩を詠っても、その多くは詩人としての彼女が設定、構成した恋の諸相の心理的考察であって、みずからの恋情や恋の苦悩の表出ではない。そこが右に挙げた女性詩人たちとは異なる点だと言える。実体験からにじみ出たものの表出ではないが、それにもかかわらず、愛の苦悩と悲哀を詠った彼女の詩は真摯であり、あくまで知的な営みとしての産物ではあるが、真実味を帯びて読者の胸に迫るものをもっている。いかにもそうではあるが、知性の人クリスティーヌにもやはりみずからの体験に発する哀しみや苦悩、孤独の悲哀などを直截に表出した詩もあって、個人的な好みを言えば、わたしとしては、むしろそういった詩により惹かれることは否めない。若くして急逝した夫への思慕を詠った詩、愛する人の喪失による孤独の悲哀を痛嘆した詩などがそれだが、ここではそのたぐいの読む者の肺腑を衝くような悲痛な思いを表白した詩を二編引いておきたい。寡婦となった嘆きを詠った名高い詩「わたしはひとり（Seulette suis）」

（バラード一一番）は、人口に膾炙しており、堀辰雄の訳詩もあるので拙訳を掲げるのはいささか気おくれもするが、自分の訳詩の中ではまずまずの出来栄えと思うので、それを引くことにしたい。次いで同じテーマによる別の詩（ロンドー三番）の方をも掲げることにしよう。

バラード　一一番

わたしはひとり　ひとり身の願わしさ、
わたしはひとり　いとしの夫《つま》に先立たれ、
わたしはひとり　仲間なく夫もなく、
わたしはひとり　嘆かいと悲嘆にうち沈み、
わたしはひとり　身はやつれ世にあるもいとわしく、
わたしはひとり　誰よりもよるべなく、
わたしはひとり　背の君におくれて、かくて世のながらうる。

わたしはひとり　戸口にはた窓辺にたたずみ、
わたしはひとり　物陰に身をひそめ、

わたしはひとり　絶え間なく涙あふれ、
わたしはひとり　悲しみにうち沈み、時に慰めを得て
わたしはひとり　わが部屋を固く閉ざし、
わたしはひとり　背の君におくれて、かくて世にながらうる。

わたしはひとり　いずこの里にても、
わたしはひとり　歩みつつもはたまた坐りいても、
わたしはひとり　世にあるなべてのものにも増して
わたしはひとり　誰からも見捨てられ、
わたしはひとり　すげなくも卑しめられて
わたしはひとり　しとどにあふれる涙にくれて、
わたしはひとり　背の君におくれて、かくて世にながらうる。

反歌

殿方よ　わが苦悩《くるしみ》はかくのごとく、
わたしはひとり　あらゆる悲しみに胸裂かれ、

わたしはひとり　顔の色いともか黒く、
わたしはひとり　背の君におくれて、かくて世にながらうる。

各詩行の冒頭に繰り返される「わたしはひとり」という詩句と、「わたしはひとり背の君におくれて、かくて世にながらうる」というルフランとが絶妙のはたらきをしており、若くして寡婦となったクリスティーヌの孤独、孤絶感を高めている。悲哀感が詩句の間からにじみ出ていると言ってよい。拙訳を通じてでも、詩人の悲哀は読者に伝わり、その胸に迫るものがあるのではなかろうか。けだし名詩の名に恥じない一編だとわたしには思われる。ただこういった中世の詩が、現代の読者にどの程度訴えるところがあるのか、その点はあまり自信が持てない。わが国の詩歌を愛する読者で、愛する師宮を突然喪った和泉式部の慟哭の歌、その悲痛で哀切な数多くの挽歌に心打たれる人ならば、クリスティーヌの詩に強く反応するところがあるはずだが、どうなのだろうか。

次いでロンドー三番だが、これも各スタンザに繰り返しあらわれる「わたしは寡婦、ひとりの身、黒衣をまとい」という詩句が悲哀を高め、印象的な詩である。訳者にとっては、「バラード一四番」、「ロンドー六二番」などと同じく、亡き夫への尽きせぬ追慕と寡婦の悲嘆を詠った作として記憶に残る一編である。

ロンドー　三番

わたしは寡婦、ひとりの身、黒衣をまとい
面持ちも悲しげで、身なりもつつましく。
大いなる嘆きに沈み、悲し気な様子で、
命断たんばかりの激しい悲嘆《かなしみ》に耐える身。

わたしがうちひしがれ、しとど涙にくれて、
口数も寡《すくな》いのは、理にかなったこと。
わたしは寡婦、ひとりの身、黒衣をまとい。

わたしは想い出に浮ぶ人を亡くして、
苦しみに責められ、心もうつろ、
幸せな日々もよろこびもすべてこの身を去って、
運命の手で、酷い有様へと突き落とされたわたし。
わたしは寡婦、ひとりの身、黒衣をまとい。

右に引いた二編は、知性の詩人クリスティーヌの詩のほんの一端を伝えるにすぎない。概してヨーロッパ文学に関しては、読者の関心が極端なまでに近代に集中し、古代や中世の文学には冷淡なのがこの国だが、遠い時代にも現代の読者の琴線にふれ、その魂を揺るがせるに足るこういう女性詩人がいたことは、もっと広く知られてよいと思う。クリスティーヌの詩は、現代に生きる女性たちの魂をも揺さぶるに足る力を間違いなく秘めていると思うのである。

ルイーズ・ラベ

貴婦人《ダーム》たちよ、わたしを咎めないで、わたしが恋をしたからとて、
わが胸に千度《ちたび》も恋の焔《ほむら》の宿るを覚え、
千度《ちたび》も苦悩《くるしみ》と悲嘆《なげき》に身を苛んだからとて、
はた涙にくれてわが日々を過ごしたからとて、
ああ、この名を非難に晒したりしないで。
過ちを犯したにせよ、いまはその苦痛《いたみ》に身を責める日、

この胸を抉る苦痛をこれ以上ひどくしないで。

こう詠ったのは、「一六世紀のサッフォー」、「ローヌのサッフォー」とその詩名を謳われたフランスはリヨンの生んだ詩人で、はなやかな生涯を送りながらも、ガスパラ・スタンパなどと並んで悲恋の詩人、閨怨の詩人として世に名高かったルイーズ・ラベである。クリスティーヌ・ド・ピザンと同じくイタリア系フランス人であり、「人間の貌よりも天使の貌に近い」とまで評されたたぐいまれな美貌の持主で、老いた富裕な綱具商の妻だったため「綱具屋小町《ラ・ベル・コルディエール》」と綽名されたこの詩人は、わが国の読者に広く知られているとは言い難い。かつてわたしはこの詩人を、数多くの嘆きの恋の歌を読んだわが国の歌人に擬して「フランスの和泉式部」と呼んだが、この国には和泉の詩を好み愛する女性は多くいるだろうが、ルイーズの詩に眼を向けるほどの女性は果たしてどれほどいるのだろう。

わたしがこの詩人の名を知ったのは、リルケの『マルテの手記』によってである。フランス語が堪能でフランス語の詩集もあるリルケは、ルイーズの詩に深く魅せられてその詩を称揚し、彼女のソネット集をみごとなドイツ語に翻訳している。『マルテの手記』にはこんなくだりがあって、詩人はそこでドイツのうら若い少女たちにルイーズの詩を読むことを勧めているのは、人も知るところだ。

「僕の故郷の娘たちよ、おまえたちの中の美しい娘の一人が、夏の日の午後、ふと書庫の暗がりで、一五五六年ジャン・ド・トゥルヌが刊行したあの小型の本を見つけたとしよう。彼女は手ざわりの冷たい滑らかな本をもって、ものうい昆虫の羽音に満たされた果樹園へ出てゆくことだろう。……娘はできるだけ早くそんな本を見つけるのがいいだろう」(大山定一訳)

ルイーズの詩の紹介者としてリルケのようなすぐれた詩人をもったドイツの女性たちは幸せだが、わが国ではリルケの詩を愛した堀辰雄がいち早くリルケの独訳を参照して、わずか四編だがルイーズのソネットを美しい日本語に翻訳しているから、わたしと同じくそれによってこのリヨンの詩人の作にふれた読者もいるはずである。

最初は記憶の片隅にしかなかったこの愛の詩人に心惹かれて一時深くかかわり、ついにはそのソネット全篇と哀歌《エレジー》三篇つまりはその詩作品のすべてを翻訳し、小伝という形で多くの伝説につつまれたこのルネッサンスの傑出した女性の人物像を描くことになったのは、サッフォーに連なるヨーロッパの女性詩人の系譜をたどっていた過程においてであった(『焔の女―ルイーズ・ラベの詩と生涯』、書肆風の薔薇、一九八八年刊)。この小著はサッフォーの本と同じ年に出たから、これまた三十五年も昔のことである。

クリスティーヌ・ド・ピザンと同じくイタリア系フランス人であり、商人階級の出でありながら男女対等の『イタリア式教育』を受けて高い教養を身に着け、文武の道に通じてリヨン有数の貴婦人として名望のあったのが、モーリス・セーヴに代表される「リヨン派」の有力詩人であったこの女性である。リルケによって関心を掻き立てられ、堀辰雄の訳詩によって、その詩の一端にはふれていたが、改めて原詩で接して、ルイーズの愛の詩の激越な表現やペトラルカの言う「甘美なる悲哀」を宿した詩に魅せられたのであった。ペトラルキスムを駆使した華麗絢爛な詩句を綴り、

ああ、あの方の美しい胸に抱かれて陶然とできたなら、
その人ゆえに命も絶えぬばかりのあの方の胸の中で。

わたしの生涯の残り少ない日々をあの方とともに生きるのを、
嫉妬《ねたみ》というものがさまたげることがないならば、

と恋の歓喜を熱望し、胸中の燃える思いを、

もう一度接吻《くちづけ》を、幾度も幾度も重ねて接吻を。
あなたのこよなく甘美な接吻をこのわたしに、
あなたのこよなく熱烈な接吻をこのわたしに。

燠《おき》よりも熱い接吻を四つお返ししましょう。

ああ、何を嘆くのです、その苦しみを宥めてあげましょう、
そのほかに十《とお》もの甘い接吻《くちづけ》をも添えて。

といった官能的で赤裸々な詩句によって詠い上げたその詩の大胆な表現はわたしを驚かせたが、それは魅力的でもあった。ルイーズの詩に心惹かれ、それをみずからのことばに移していた頃は、わたしもそれなりにまだ若かったのである。かつて若き日にサッフォーの詩を英訳から奔放に翻訳した日夏耿之介は、後年その訳業を顧みて、「かかる若やげる日もありき。今はただ老い朽ちぬるかな」との感慨を洩らしたが、久方ぶりわが訳詩を読み直して、感を同じくするばかりである。老骨となり詩的感性も薄れた今では、気恥ずかしくてもはやかような訳はできない。

ちなみに、かつてわたしがルイーズの詩に強く惹かれたのは、あたかもその頃和泉式部と魚玄機をも耽読しており、時空を異にするこの三人の女流詩人が、いずれもリルケの言う「悲しく人を愛した女たち」であり、恋の哀しみを詠った悲恋の詩人、閨怨の詩人として強い親近性をもち、不思議なほど類似点が多いことに気づいたからでもあった。比類なき豊かな詩才に恵まれ、「浮かれ女」と噂され、「恋多き女《アムールーズ》」として世に知られ、恋の歓喜ではなくその悲哀を、しらべ高く歌や詩で詠い上げたという点

では和泉式部とルイーズには間違いなく相通ずるものがある。ルイーズもまた「ねを泣けば袖は朽ちても失せぬめり猶うき事のつきせざりける」という愛の苦悩を知る女性であった。またその作品にあふれんばかりの情感が漲っているという点でも二人は似ており、そこがわたしの関心を惹いたのであった。無情にも愛する男に捨てられ、胸内に燃え上がる激しい恋情を、紙箋の上に吐き付けたかに思われる悲恋の詩を書いた閨怨の詩人という点では、ルイーズと魚玄機には明らかな類似点があり、時に激越な形で表出された二人の詩は、その詩風において近いところがあるのは確かだ。去っていた愛人への激しい思慕、身の内に抑えようもなく燃え盛る情炎を詩句に託して、

冰を飲むも蘗《きはだ》を食らうも志《こころざし》功無し

と詠ったこの唐代の美貌の詩妓と、愛に「燃える心」を、苦悩しつつ、

生きながらにして死に、火と燃えながら水に溺れるわたし、
身も凍る冷たさに耐えつつも、なお灼熱に喘《あえ》ぐ、

と表白したルネッサンスの美貌の詩人とはあたかも姉妹のように似通っているように思われた。ともに「パッション」つまりは情熱であり同時に受苦、苦しみであるもの

を、熱涙のほとばしる詩句に封じて、後世に遺した詩人なのである。
　そこで和泉式部と魚玄機を念頭に置いて、サッフォーや小野小町に劣らずさまざまな伝説につつまれ、美貌に加えて高い教養とあふれんばかりの豊かな詩才を称えられる一方で、「恋多き女《アムールーズ》」だったがゆえに、有夫の身でありながら春を鬻ぐ「浮かれ女《クールティザンヌ》ルイーズ」との汚名を着せられたこの女性詩人の姿を見極めて伝説の霧の中から救い出し、わたしなりにその人物像を描き出そうと試みたのであった。ルイーズの詩を愛した大詩人リルケならぬ東国の一介の詩のアマトゥールにとって、ルイーズ・ラベという傑出したルネッサンスの詩人の愛の詩を日本語に移しその詩風を伝えることは困難を極めたが、短期間ながら精魂を傾けて訳出したものなので、不出来ではあるがかつて心奪われた詩人であるだけに、わたしにとってはなつかしく、忘れがたい仕事として記憶に残ることとなった。その中で訳詩としてなにがしか満足できるものを二編掲げることにしよう。ペトラルキスムを駆使した原詩は激しい調子に満ちたものである。

ソネット八番

生きながらにして死に、火と燃えながら水に溺れるわたし、
身も凍る冷たさに耐えつつも、なお灼熱に喘《あえ》ぐ、

生はこの身にはあまりにもやさしく、あまりにもつれない、
歓喜《よろこび》の混じる深い憂愁《うれい》に閉ざされているわたし。

笑うかとみれば　また同時《いちどき》に涙にかきくれ、
楽のうちにあってなお、胸裂く苦悩《くるしみ》に沈む。
幸福《しあわせ》ははかなくも去り、しかもなお永遠《とわ》に続く。
枯れ死ぬと見えて、たちまちに若緑《みどり》に萌えるこの身。

このように愛神《アムール》は定めなく私を曳きまわす。
苦悩《くるしみ》の耐えがたいまでにいやますことを嘆かぬうちに、
知らずして　いつか苦患《くるしみ》をのがれている。

身をつつむ歓喜《よろこび》は確か現実《うつつ》かと信じて、
待ち望んだ幸福《しあわせ》の絶頂《きわみ》に酔い痴れる間もなく、
愛神《アムール》の手で、また以前《もと》の不幸に突き落されてしまう。

ソネット十四番

わたしの眼に涙が涸れることなく、
あなたとともに過ごした幸福《しあわせ》な時を愛惜《おしみ》うるかぎり、
わたしの声が嗚咽や嘆きにかき消されることなく
かすかなりとも人の耳に聞こえるかぎり、

あなたの優雅《みやび》な姿を歌うため、この手が
やさしいリュートの弦かき鳴らすことのできるかぎり、
またわたしの心があなたの気持《こころ》を捉えることのみを求め、
それだけで満ち足りているかぎり、

わたしはいささかも死のうとは思わない。
けれども、わたしの眼に涙は涸れ、
声は潰《つい》え、手も力失せるのを覚えた時こそ、

また心萎え、このうつせみの世にあって
恋する女のあかしを示すことかなわぬ日が来たら、
死に願おう、わたしのより明るかった日を暗くしてほしい、と。

「世界で最も美しい情熱的な詩人」とは、フランスの文学史家エミール・ファゲがルイーズ・ラベに向かって放った賛辞である。これはいささか過褒と思わざるをえないが、ルネッサンスのリヨンが生んだこの女性詩人が、「うたう女」の一人として、この時代に生きた女性の一人として、その魂の形を燃える詩句に盛って表白したことは瞠目に値する。彼女は決して大詩人ではないが、恋の哀しみを、永続性を保つ文学的香気の高い詩に造型したその詩業は、今日なお愛の哀しみを知る者、詩を愛する者の心を惹き、魅了するだけの力を秘めている。和泉式部や伊勢のような愛に生きる情熱の歌人をもったわが国の女性たちに、一人でも多くこの「ローヌのサッフォー」の詩を知ってほしいと願うのは、かつて彼女の詩に魅せられ、それをこの国のことばで伝えようと腐心した一老骨の身勝手かつ徒《あだ》なる願望であろうか。

マルスリーヌ・デボルド＝ヴァルモール

リルケの言う「悲しく人を愛した女たち」の一人であり、ヴェルレーヌによって「呪われた詩人たち」の一人に数えられているこの詩人については、ついに書くことなくして終わった。わずかに彼女の「ルイーズ・ラベ」と題する詩の一部分を『焔の女』

への序詩として訳出したにとどまる。その昔齋藤磯雄氏の名著『詩話・近代ふらんす秀詩鈔』によってその詩の美しさや魅力を教えられ、また女嫌いで知られるボードレールが彼女の詩を熱烈に称揚していることを知って、一時期はその詩に強く惹かれたりもした。わたしにとってフランス近代詩入門書でもあった齋藤氏の右の書は、ヴァルモール夫人の詩の熱烈な賛美称揚に始まっていて、それがわたしの心を一気に領したのであった。

実際、齋藤氏のヴァルモール鑽仰は異様なほどに熱を帯びたもので、これを読んだわたしを興奮させずにはおかなかった。熱弁をふるう「齋藤節」に乗せられたのである。齋藤磯雄という人物は、わが国におけるフランス近代詩の伝道師のような存在であって、その荘重華麗な筆致である詩人が語られると、詩人の「聖化」が行われ、当の詩人が光背を背負い世に屹立し隔絶した存在であるかのような感を抱かされてしまうのである。ロシア文学を学んだ学生であり、ようやく簡素澄明なギリシアの詩の世界に足を踏み入れつつあったわたしは、氏の語り口に幻惑され、その巧みな「幻術」にはまって、たちまちにフランス近代詩、象徴主義の詩人の世界に引き込まれてしまった。

「初花のかぐはしきかな」とヴェルレエヌはいふ。マルスリイヌ・デボルド＝ヴァルモオル Marceline Desbordes Valmore（一七八六―一八五九）は謂はばロマンティスムの早春の花であり、後の巨匠ラマルティーヌ、ユゥゴオ、ミュッセさへすでに色褪せたかに見ゆる今日、なほ馥郁の気を失はず、抒情の清新、感動のみづみづしさは驚くばかりである。

という書き出しに始まり、この詩人の絶唱、代表作とされる『サアディーの薔薇』をはじめとする何編かの名詩を、華麗な名訳を添えてあざやかな手つきで読み解く熱のこもったみごとな評釈は、ロマン主義の詩人と言えば、二十代前半に読み耽ったプーシキンやレールモントフの記憶が抜けきれなかったわたしを、驚倒させたものだ。今思えばいささか大仰とも眼に映る齋藤氏の、

マルスリイヌ・デボルド＝ヴァルモオル夫人は女性のうちでも最も稀有な女性、「永遠の女性」である。恐らく世の初めから男性が模索し、探究し、渇仰しながら、未だ嘗て何ぴともその雙腕の中に抱きしめたことのない女性、實在するためにはあまりに夢幻的であり、實在せぬにしてはあまりに願望を唆る女性、―そのやうな神秘的な「女性」のあらゆる捉へがたない優雅を身にまとつてヴァルモオルは讀者の脳裡に出現する。……

という熱烈な賛美のことばに圧倒され、なんとしてもこの詩人をもっとよく知りたいという願いを掻き立てられたのも無理はない。女性詩人になにほどか関心のある読者

ならば、フランス詩の司祭のごとき伝道師、と言うよりも齋藤大明神が、「久遠の女性」、世にまたとなき聖女として重々しく託宣し、熱烈に鑽仰するさような詩人に惹かれないはずはない。ボードレールが「女のあらゆる自然的な美の詩的表現」、ヴェルレーヌが「サッフォーと共に天分と才能に恵まれた今世紀いや全世紀で唯一の女流詩人」とまで讃え、ラマルティーヌや、彼女を詩女神と崇めたサント・ブーヴにも高く評価されたこの詩人は、かつてわたしの心に深く突き刺さってしばしとどまり、それを過《よぎ》ってやがて消えていった詩人である。

舞台女優として生き、諸方の劇場に出演しながらやがて年下の売れない俳優ヴァルモールと結婚、その生涯の大半を漂泊と貧窮のうちに送ったマルスリーヌは、薄幸の詩人であった。愛する身内の人々を次々と喪った「喪失の生涯」の哀しみと、心の奥底に秘めた、おそらくは詩人ラトゥーシュであろうと推測されている終生忘れ得ぬかつての恋人への思いを、彼女はその詩に託した。和泉式部は「つらき人こそ忘れがたけれ」と詠ったが、それはまたマルスリーヌの思いでもあったろう。いみじくも『涙』と題された詩集をはじめ、『哀しき花々』、『花束と祈り』その他の詩集は、十九世紀のフランスに生きた一女性の内面の真摯な表白であり、心の奥底からほとばしり出た叫びとして、まだ若かったわたしの心を衝き動かし、その詩的世界へと引き込んだのであった。その昔オウィディウスは青年時代を回顧して「筆にするものことごとく詩なりき」と詠ったが、マルスリーヌもまた苦吟し、詩句の彫琢に心肝を砕いたりすることなく、詩句がおのずと口を衝いて出るタイプの天性の詩人だったのであろう。紫式部が天性の歌人和泉式部を評したことばを借りれば、「口にいと歌の詠まるる」詩人だったわけである。知性の詩人として詩作に臨み、愛の苦悩を詠ってもそれをあくまで知的営為として詩に構築したクリスティーヌ・ド・ピザンなどとは、その点で資質を異にしていると言ってよい。過度に技巧や彫琢を懲らさず、豊かな感性がそのまま音楽性豊かな詩句となってあふれ出た感のある彼女の詩は、かつてのわたしを魅了するだけの力を秘めていたように思われる。いまヨーロッパの詩文を離れ、恋愛などとも無縁な、漢詩や仏教書にのみ親しむ老骨となってみると、その頃の自分が多分に感傷的だったことがわかる。

マルスリーヌの詩に読み耽っているうちに、そこに悲恋の詩人、愛の哀しみを詠った詩人として、魚玄機やルイーズ・ラベの詩とも相通じるものを感じていたわたしは、この詩人をわがものとしたいという妙な所有欲が湧いたことを想い出す。それによってこの「久遠の女性」を多少なりとも自分のもとへ手繰り寄せることができるような気がしたのである。そこで彼女の全詩集のほか評伝や研究書などを備えて読み漁り、不遜にも彼女の愛の詩をいつか訳出し、それに小伝を添えて一書とすることを夢見たりもしたのだが、これは結局実現することなくして、いつの間にかこの詩人はわたしの心から遠ざかっていった。その後この詩人に関する二巻本の大著が出たときにはもはや関心が薄れていたので買わなかった。思えば詩の世界で「久遠の女性」を求めていた男にしてはつれない所業であったが、要するに老いてゆくにつれ感受性が鈍くなり、枯淡にして静謐な世界を追い求める老骨へと変貌していったということだろう。

そういう結果になったのは、ひとつには一九八八年に、わが国におけるフランス詩翻訳の先達の一人であった石邨幹子氏の遺著として、『サアディの薔薇　マルスリイヌ・デボルド＝ヴァルモオルの詩と生涯』が出たからであった。正直に言うと、わたしはこの本には大いに不満であったが、二番煎じはいやだという忌避の気持ちがはたらいて、みずからマルスリーヌの詩を翻訳し、その生涯を綴るという夢は潰えた。いずれはサッフォー、ルイーズ・ラベ、マルスリーヌに関する本を書いて女性詩人三部作のようにしたいとひそかに願っていたのだが、それはかなわなかった。代わって、辱知のフランス詩近代詩の専門家で比較文学者の金子美都子夫人がマルスリーヌの詩を研究しておられたので、彼女をかたらって『フランス女流詩人詩抄―ミューズの娘たち』という小さな詩書を出したのだが（一九九一年、木魂社刊）、近代の部を担当された同夫人がマルスリーヌの主要な詩をみごとに翻訳なさったので、それで渇を癒すことかできたのは幸いであった。金子夫人の訳業とそのお仕事に接して、マルスリーヌの詩はフランス詩を知悉した彼女にまかせておけばよい、自分などの出る幕ではないと覚ったが、これは賢明な選択だったと思っている。

ちなみに石邨氏の書には、フランス詩翻訳の手練れとして名高い堀口大学が、マルスリーヌの詩について、彼女に「ヴァルモオルは実にいいものですね。だがどうにもならない詩だ」と言ったと書かれていたような記憶がある。「どうにもならない」とは、「どうあっても翻訳できない」という意味だろう。確かに、およそ技巧を弄さない、ある意味では単純素朴なマルスリーヌの詩は、それを日本語の訳詩とすることの困難さを痛感させ、それが容易には翻訳に踏み切れない要因となっていたことは確かだ。技巧と装飾を排したその簡素な詩句は、安易に翻訳するとなんとも馬鹿馬鹿しいものに堕してしまう危険性が大きい。そういう詩を翻訳して読むに堪える訳詩に仕立て上げるには、相当の詩才と技量を要する。それを懼れて逡巡し、ぐずぐずしているうちに石邨氏の本が出たので、あきらめがついたのであった。

その後幾星霜、齢を重ねるにつれてわたしの関心はますます古代・中世の詩に集中していったので近代詩への関心は薄れ、二〇〇三年にピエール・ルイスの評伝を書き、『ビリティスの歌』の翻訳を世に問うたのを最後に（これもルイスという詩人が「ギリシア狂」で、ギリシアにちなむ作品を書いていたからだ。『ビリティスの歌』がギリシア女性詩人の作を装った偽書だったということもある）、フランス近代詩との縁は切れた。もう二〇年以上もフランス近・現代詩は読んでいない。後にクリスティーヌ・ド・ピザンの訳詩を出したのは、彼女が中世の詩人だったからである。

その後さらに齢を重ね、衰老の身となってからは、いっそう中国古典詩や和歌、江戸漢詩などの世界に沈潜し、フランス近代詩どころか横文字の文学への関心が薄れ、ついにはギリシア・ローマの詩でさえも記憶の彼方へと遠ざかりつつあるので、もう

『サアディーの薔薇』の詩人を想うこともない。この詩人を想うのは、その昔心惹かれ、一時は想いを寄せた佳人を、ふと時になつかしく想い出すのと変わらない。実らなかった遠い昔の恋の相手を思い浮かべるようなものだ。

そんなわけで今さらこの詩人について言うことも書くこともないのだが、先頃不要になった蔵書の処分にかかっていた折に、なつかしさからグルノーブル大学版のヴァルモール詩集をパラパラとめくっていると、そこに黄ばんだ原稿用紙が挟まっているのに気づいたのである。齋藤磯雄氏の名訳に刺激されて、実に四〇年近く昔に翻訳を試みた『サアディーの薔薇』の試訳であった。齋藤氏の名訳とのあまりの懸隔の大きさにわれながら呆れ、己が詩才の貧しさを痛感し、どこにも発表せぬままメモのつもりで詩集に挟んでおいたのだろう。筆を執って佳人への憧れを訴えようとしたが、所詮は思いが届かぬことを覚って、投函せずにそのまま残し置いた昔の恋文を発見したような気分であった。今見ると訳の拙さは眼を蔽うばかりで訳詩と言うも気恥ずかしいが、これがわたしの古典詩（一九世紀の詩はもう立派な古典である）に関する記憶の一部をなしていることもまた事実だ。その昔マルスリーヌの詩に心惹かれたことのある男のささやかな捧げものとして、敢えて恥を忍んでそれを掲げることにしよう。

サアディーの薔薇

今朝、みもとに薔薇の花をお届けしようと思いました。
でも摘み取った花をあまりにも多く帯にさし挟んだので、
きつく締めすぎた帯がそれに耐えきれなかったのです。
結び目はぷつりと切れてしまいました。薔薇の花は
風に乗って飛び散り、みんな海のかなたへと消えてゆきました。
海水《みず》の流れゆくままに、もう帰りくることはありません。
波頭《なみ》は薔薇で紅に染まったかに見え、燃え立つようでした。
今宵、わたしの衣裳はまだ薔薇の香が馥郁とくゆり立っています……
さあこの身体《からだ》から吸ってください、かぐわしい花の想い出を。

訳はいかにも拙いが、原詩はボードレールの言う「女のあらゆる自然的な美の詩的表現」そのものであり、女性でなければ絶対表現しえない魅惑的な詩的世界を形作っている。マルスリーヌがペルシアの大詩人サアディーの名作『薔薇の園《ゴレスターン》』中の逸話を取り上げ、これを女性の感覚でみごとに変奏して、匂い立つような美しさが滴る詩篇としたのがこの詩である。作者の豊かな感性、うちふるえる感受性がそのまま詩句として結晶したような詩だと言ってもよい。こういう繊細な詩は女性でないと書けないと思う。さような詩が、当時のわたしごときにまともに訳出できるはずはなかった。

右の拙い試訳はその頃の挫折の証にほかならない。ちなみに王朝和歌以来「移り香」がしきりに恋の歌に詠まれたわが国の読者なら、この詩を読んで、「たが里の梅のあたりにふれつらん移り香しるき人の袖かな」という式子内親王の歌を思い浮かべる人もいるのではなかろうか。

残念ながら『フランス女流詩人詩抄』にはマルスリーヌの絶唱『サアディーの薔薇』と『花失せし冠』の二編は、金子夫人によっては訳出されていない。彼女の才をもってしても、さすがに齋藤磯雄氏の名訳を前にしてたじろいだのだろうかと思ったが、夫人はその後に執筆されたヴァルモール夫人論で前者のみごとな訳を披歴されたからこれは早とちりであった。いつの日かこの絶唱二編を含む訳詩を、『ヴァルモール詩抄』という形で一書にまとめて世に送ってほしいものである。尤も金子訳『ヴァルモール詩抄』が世に出るであろう頃には、晩年に仏心を起こしてもっぱら良寛や道元に親しみ、日々『法華経』を唱したのも空しく、女人の愛への執着のゆえに六道地獄の「忍苦処」へ堕ちているであろうわたしは、それを眼にすることはできそうもないが。

江馬細香

この女流詩人の名を知ったのは、今は昔、大学院の学生として富士川英郎先生の江戸漢詩に関する御講義の末席に連なっていた折のことである。当時は江戸漢詩は「忘れられた文学」となっていて、その方面に関しては一般にはあまり知られていなかったが、先生は中村真一郎氏などとともに江戸漢詩の発掘者であり、その研究の先鞭をつけられた先覚者でもあられた。それひとつとっても先生の御講義は貴重なもので、直接拝聴できたのは僥倖と言うほかない。ただ残念なことに、ドストエフスキーを修士論文のテーマに択び、その傍ら西洋古典への転向を狙ってギリシア・ラテン語の勉強に多く時間を取られていたわたしは演習室の隅に坐って、江戸の詩人たちに関するエピソードなどを楽し気に講義される先生のお声をただぼんやりと聞き流していたのであった。当時は江戸漢詩に関する何の知識もなく、馬の耳に念仏で名講義もあまり覚えてはいない。細香に関するお話もあったはずだが記憶になく、ただ梁川星巌とその妻紅蘭女史にまつわる面白い話を断片的に記憶しているだけである。実に惜しいことをしたものだと後になって後悔したが、後の祭りであった。

その後先生の名著『江戸後期の詩人たち』が筑摩叢書に入ったので、この御著書によって、初めて自分の眼で江戸漢詩の世界を覗いたのだが、そこには「閨秀詩人たち」の部で江馬細香にもふれられ、二首の詩が引かれている。この名著は後にわたしの愛読書となったが、当時は通読したのみでまだ江戸漢詩に親しむまでには至らなかった。実にちょうど今（二〇二三年）から半世紀前のことである。

それが中年以後例の東洋回帰がやってきて、ヨーロッパの詩文学から次第に中国古典詩や和歌などへと関心が移るにつれて、漢詩文の世界への傾斜が増してゆき、九〇年代に岩波書店から『江戸詩人選集』や『江戸漢詩選』が出て、さらには研文出版から『日本漢詩人選集』が出た頃にはすっかり江戸漢詩の愛好家になってしまい、まったくの素人としてではあるが、柏木如亭や大沼枕山などを愛読することとなったのである。良寛の詩の良さを知ったのも大きな収穫であった。

そんな状況で、東西の女性詩人への関心から、改めて江戸の女流詩たち人にも眼を向けたのだが、最も心惹かれたのは江馬細香である（これには中村真一郎氏の『頼山陽とその時代』も大きく作用している）。同じ九〇年代には門玲子氏による細香の『湘夢遺稿』が世に出て、この貴重な労作によって詩人細香の詩業を把握することができ、師頼山陽に愛を捧げたこの詩人にさらに傾倒することとなった。近くは揖斐高氏による岩波文庫版『江戸漢詩選』も出て、それまで知らなかった何人かの女流詩人の詩に接することができたのは幸いであった。漢籍を読む学力に乏しいわたしの江戸漢詩理解なぞまったく一知半解、ごく皮相なものにすぎないが、それでも一介の愛好家、愛読者として細香の詩に親しむ日々は続いており、ヨーロッパの詩人たちがみな記憶の彼方へと消えつつある中で、彼女の詩はなお閉戸老人と化した老骨の慰めとなっている。『江戸漢詩選』はその第三巻『女流』に江馬細香、原采蘋、梁川紅蘭という三人の女流詩人の代表的作品を収めているが、そのうち人間として最も興味深いのは、儒者の娘として生まれ、男子とまったく対等の高等教育を受けて学識深く、生涯独身を貫き、酒豪で腰に大刀を帯びて家名再興のために諸方を彷徨するという生涯を送った、原采蘋である。まさに「女丈夫」という形容がふさわしいこの女傑は、李白に倣った詩風も男性的であって、その詩には豪放爽快で女性的な繊細なところは見られない。「一飲鯨《いちいんげい》に乗るの觴《しょう》」、「詩思　時に渇《かわ》くこと有らば／杯《さかずき》を呼びて　酔裏《すいり》に哦《が》す」といった詩句に接すると、飲み倒されるのを覚悟で対酌してみたい気はするが、彼女の詩そのものにはあまり魅力は感じない。この女傑は詩才から言えばやはり細香、紅蘭両女史には一歩譲るところがあるようだ。

　女流の双璧としてその詩名を謳われた細香、紅蘭のいずれを上に置くかは人によって好みもあろうし、難しいところだが、好悪を先立てて言えば、わたしはやはりいかにも女性らしい繊細で抒情性に富む細香の詩を好む者だ。

　細香という女性については、中村真一郎氏の『頼山陽とその時代』にも山陽とのかかわりで語られているか、二〇一〇年門玲子氏の労作である評伝『江馬細香―化政期の女流詩人』が世に出て、その相貌が明らかとなった。それによって得た知識を基に細香という詩人についてかいつまんで述べると、ほぼ次のようになる。

細香こと江馬多保《たほ》は大垣の藩医であった江馬蘭斎を父として生まれ、幼くして母を亡くし養母に育てられた。蘭方医ではあったが漢学の素養豊かな父に手ほどきを受けて早くから漢詩文に親しみ、また画を学んで画業においても豊かな才能を発揮し、世に画名を知られるに至った。その上美貌でもあったというから、まさに才色兼備の際立った女性だったわけである。彼女の生涯で最も大きな出来事は、二七歳の折の三四歳だった頼山陽との出会いであった。このことが彼女のその後の生き方を定め、また詩人としてのその後の方向を決して、師であり愛人でもあった山陽への尽きせぬ思慕の情を、繊細でこまやかな詩句に封じて詠じた少なからぬ詩を含む『湘夢遺稿』の作者としたのだと言ってよい。これは細香にとっても山陽にとっても運命的な出会いであり、二人の関係は、出会いから約二〇年後彼女が四六歳のときに山陽が病没するまでずっと続いたのである（山陽の死の報に接して細香が詠んだ哀悼詩「山陽先生を挽し奉る」には、愛する師を喪った彼女の悲嘆が、切々と吐露されている。その翌年の作である「京城《けいじょう》の秋遊、亡き先生を懐《おも》うこと有り」はいっそう哀切である）。さらには山陽亡き後も細香はなお師への思慕を抱き続け、独身のまま七五歳で亡くなるまで、終生師であり愛の対象でもあったこの人物の面影を胸に抱き、師への思慕を詩に託したのであった。先に見たヴァルモール夫人は、彼女に詩の手ほどきをしたとされる詩人ラトゥーシュを想う詩を書いても終生決してその名を明かさなかったが、細香は詩作の師である山陽への恋情思慕を隠すことなく、堂々と詠った。

初めて相見《まみ》えるや、細香の美貌と才気にたちまち心を奪われた山陽は、彼女との結婚を熱望し、彼女もまたそれを願ったが、父蘭斎の反対にあってそれはかなわなかった。知的で精神的にも対等に向かい合える女性を妻に迎えることを願っていた山陽にしてみれば、才色兼備を絵に描いたような細香こそは理想の女性だったのだろう。だがそういう才子と才媛の結びつきが往々にして危険であることは、与謝野鉄幹と晶子の結婚生活が示すところだ。出会った翌年には山陽は既に内妻という形で梨影という女性を家に入れており、この女性が献身的に夫によく仕え家を支えたばかりか、当初は無筆であったのに夫の薫陶を受けて努力し、やがて立派な文章を綴り画にも筆を染めるまでなったので、ついに山陽はこの糟糠の妻を裏切ることはできず、結局細香との仲は詩を通じての師弟関係にとどまった。愛を知る詩人細香は和泉式部ではなく、山陽もまたアベラールではなかったのである。互いに強く惹かれ合ったこの二人の結びつきは詩を介してのものであり、その関係はあくまで精神的な愛ではあったが、細香の山陽に寄せる思慕の念の強さ深さはなみなみならぬものがあった。それは世の一般の師弟愛を超えたもので、細香の側から言えば、山陽の存在こそが彼女の詩を生む最大の原動力であったことは間違いない。山陽の側もまたこの女弟子に師弟の関係をはるかに越えた強い恋情を抱いており、それを詩に託して彼女に書き送っている。山陽の夫人梨影女史はよくそれに耐えたものだと思う。中村真一郎氏が「交情」と呼ぶ二人の関係（「交情」という言い方はこの二人に関してふさわしくはない）はずっと続き、細香は上京するたびに山陽と行動を共にしているから、事実上山陽には二人の妻がいたようなものだ。

さて肝腎の細香の詩だが、その詩集は、遺稿となった『湘夢遺稿』が死後に明治の世になってからようやく刊行された。細香はみずからは画家を以て任じており、早くから詩名が高かったにもかかわらず、生前は詩集を世に問うことを頑ななまでに拒んだからである。彼女にとって、山陽への想いを多く詠じた詩を含む詩業は、あくまで私的ないとなみであり、広く世人の眼に晒すものではなかったからであろう。

中村氏が「艶麗無比」と言うこの詩集に収められた三四八首の詩は、「どの詩にも濃密な閨情がたちこめている」と評されているが、これにはいささか誇張があるような気がしてならない。確かにそういう詩は少なからずあるが、氏の言う閨情とは違う世界を写し取った詩も少なからずあって、わたしにはむしろそういう詩の方が好ましい。彼女の詩に接して受ける印象は、画家でもあった女性詩人らしい繊細な美的感覚に支えられ、いかにも女性らしいこまやかな情趣を湛えた詩だということである。山陽への恋情などが籠められているにせよ、それがあらわな形ではなく微かに感じられる作が、むしろ心に適うのである。妙な言い方かもしれないが、細香の詩はあまり「中国的」ではなく、漢詩としての体裁は立派に整ってはいるが、むしろ女流歌人たちが和歌で伝えた詩的世界に近いものと感じられる。いかにも日本人女性の手に成った漢詩というのが、一読者としてのわたしの実感である。
彼女の詩でわたしの好きなのは次のような詩である。

夏夜《かや》

雨晴庭上竹風多
新月如眉纖影斜
深夜貪涼窓不掩
暗香和枕合歡花

雨晴れて　庭上　竹風多し
新月　眉の如く　纖影《せんえい》斜めなり
深夜　涼を貪《むさぼ》りて　窓掩《おお》わず
暗香《あんこう》枕に和す　合歡花《ごうかんか》

さわやかなうちにも艶なる香りが立ち込める、女流詩人ならではこまやかな感性を感じさせる詩だと思う。「宛転たる娥眉」という中国古典詩を踏まえての、新月が眉のようだという表現は、美しい女性のイメージを喚起するし、結句に、男女の和合を暗示する「合歡花」を詠み込み、枕辺にどこからともなくほのかに合歓《ねむ》の花の香が漂ってくると詠じて、そこに微かな艶情を籠めているところがよい。寝苦しい夏の世に、月を眺めて山陽のことを想っている詩人細香の姿が浮かび上がってくるような一首だと言える。

次の詩にも同様なことが言えるだろう。これまたさわやかなうちにもほのかな艶情が漂う作である。

冬夜作　時有瓶中挿梅花水仙　　冬夜の作　時《とき》に瓶中《へいちゅう》に梅花《ばいか》と水仙《すいせん》を挿《さ》せる有《あ》り

小閤沈沈静夜長　　小閤《しょうこう》沈沈として　静夜《せいや》長し
微明灯影照書牀　　微明の灯影　書牀《しょしょう》を照らす
可憐瓶裏双清態　　憐れむ可《べ》し　瓶裏《へいり》　双清の態
人定更深暗合香　　人定まり　更《こう》深《ふ》けて　暗に香を合す

更けてゆく秋の長夜に書斎で、瓶に挿した二本の清らかな梅の花と水仙がひそかに香りを通い合わせているという情景を、見事にとらえた佳編、秀詩と評したいところだ。細香は瓶に挿した梅と水仙とに男女の姿を重ね合わせて見ているのであろう。こういう細やかな感性はやはり女性詩人ならではのものだと思う。山陽に「絶佳」と評された次に引く詩も実によい。

春窓寂寂昼慵開　　春窓《しゅんそう》寂寂《せきせき》として昼開くに慵《ものう》し

中酒情懐冷似灰　酒に中《あた》りて　情懐《じょうかい》冷たきこと灰に似たり
三日不添鳧鴨火　三日　添えず　鳧鴨《ふおう》の火
臥聞朝雨灑残梅　臥して聞く　朝雨の残梅《ざんばい》に灑《そそ》ぐを

春愁の季節に孤独な女性が、床の中でそぼ降る雨の中の音を聞きながら、静かに雨に打たれている散り残った梅の花の姿を想像している様が、あざやかに浮び上がってくる。聴覚と視覚がみごとに調和した詩だと評せるのではないか。詩人の鋭敏にして繊細な感覚が窺える一首である。右の詩中「酒に中《あた》りて」という句が見えるが、原采蘋のような酒豪ではなかったとしても細香は酒を好んだらしく、作中に多く飲酒を詠じている。「三更　酒醒めて独り凄然たり」、「微醉　醒むる時　猶未だ寝《いね》ず」、「酌み来れば趣を成す　何ぞ酔うを期せんや／適意三杯又た　両杯」といった具合に、作中随所に飲酒の癖があったことを示す詩句が見られる（そう言えば魚玄機にも「旦夕酔吟の身」という詩句があった）。細香は中国の詩人ではないから、禹域古来の「詩酒合一」の伝統を意識したわけではないだろうが。

細香にはまた『源氏物語』を読んでの感想やその批評を詠じた詩が何編かあるが、その一編「紫史を読む」では『源氏物語』が本質的に女性の文学であることを、

分析妙処果女児　妙処を分析するは　果たして女児

「心理の微細な味わいを、きめ細かに分け入って描くのは、やはり女性ならではものと言えます」と評しているのが興味深い。彼女は漢詩文のみならず国文の文学にも深く通じていたことがわかる。また中国の過去の女性詩人の詩（明代までの女性たちの詩を編んだ鍾惺編の『名媛詩歸』）を読んでの、こんな詩もあって、その反応がおもしろい。

燈下讀名媛詩歸　　灯下に名媛詩帰を読む

静夜沈沈着枕地　　静夜沈沈　枕に着くこと遅く
排燈閑讀列媛詞　　燈を挑《かか》げて閑《しずか》に読む　列媛の詞
才人薄命何如此　　才人の薄命　何ぞかくの如き
多半空閨恨外詩　　多半は空閨　外を恨むの詩

閨怨は東西の古典詩を通じて、伝統的に女性詩人によって詠われてきたテーマだが、自身山陽への満たされぬ恋心を胸に抱きながら、彼女は過去の女性詩人たちの大方が、孤閨を嘆き夫を恨む詩を作っているのに呆れているのである。そう言えば本書でこれまでとりあげた詩人たちでも、魚玄機、和泉式部、式子内親王、ルイーズ・ラべ、ヴァルモール夫人は、みな閨怨詩や悲恋の詩や歌、忍ぶ恋の歌の作者であった。悲恋に生きた彼女たちが過去にすぐれた詩や歌を生んだ女性たちの代表的存在であるのは、悲しい事実だと言うほかない。

Ⅱ　ヨーロッパ古典詩の記憶から

Ⅱ　ヨーロッパ古典詩の記憶から

詩というものに格別の関心を抱く「現代に生きる古代人」を称するわたしが、これまでもっぱら携わってきたのは、ギリシアを中心とするヨーロッパの古典詩と東洋つまりは日本と中国の歌や詩である。現代に背を向けて、およそ今の世に流行らぬ古代や中世の詩に没入してきた己の姿を顧みると、果たしてこれでよかったのかと思うのだが、これが若き日よりの志向とあれば仕方がない。後年不思議な縁でイタリアと関わることとなり、またやむない事情でルネッサンスのラテン語文学などという、この国ではほとんど誰も読まないような詩文学の世界にしばし首を突っ込む羽目になったが、そこでヨーロッパの主要なラテン語詩人たちや、ポリツィアーノやラテン語詩人としてのペトラルカを知ることになったのは、思わぬ収穫であった。

近代の詩人では、若い頃に心酔したボードレールをはじめフランス象徴派の詩人たちをかなりの期間にわたって熱心に読んだ記憶はあるが、一時期執着したマラルメにはその秘法《エルメティスム》に跳ね返され、この詩人の「信徒」となれないままに離れてしまったし、ヴァレリーもその詩書の扉はあまりにも固く、「古代人」であるわたしの参入を許さなかった。知性の人であるこの詩人の作品では、詩そのものよりもむしろ詩論や、詩人論のほうがわたしには興味深かった。またアポリネールはフランス近代の詩人の中ではわたしの最も愛した詩人だが、この詩人については堀口大学訳の「ミラボー橋」について評釈めいたことを書いたのと、『オルフェウス変幻―ヨーロッパ文学にみる変容と変遷』の中で『動物詩集』におけるオルフェウス像について書いたほかには、ついにその詩を論じたりすることなく終わった。

一時期ピエール・ルイスなどというギリシア狂のマイナー・ポエトに入れ込み、その評伝まで書いてしまったのも、この詩人が新たに発見されたギリシア女流詩人によ る古詩と称して世に問うた偽書『ビリティスの歌』に魅了されたからであった。ルイスは確かに小詩人だが、誰がなんと言おうとも、この詩は間違いなく傑作だと信じている。わたしがそれを翻訳したのは、もっぱらギリシア詩への関心に発するものであった。名訳とされる鈴木信太郎訳よりも、よりギリシア的な味わいを出そうと苦心して訳出した『ビリティスの歌』のみは、半ば自分の創作と心得てやった仕事なので、今では思い出深いわたしの「作品」となっている。亡き詩人井上輝夫さんと阿部日奈子さんに、過褒としか思われない好意的な書評を戴いた、なつかしい訳詩である。

そんな次第で、老来横文字の文学を廃するまで、かなりの時間とエネルギーを注いで主として古代・中世、ルネッサンスの詩人たちの作品の翻訳紹介や、それらについてのわたしなりの作品論や評伝のたぐいを書くことに努めてきた。それがこの国の文学にとってどれほどの意味をもつものかわたし自身にもわからないが、虚しい所業ではあるものの、まったくの無意味だとは思いたくない。正直に言って、どの仕事もこの国で文学を業とする人々の耳目を惹くことができず、反応がなかったのは寂しい限りであるが、それが近・現代文学偏重で、文学と言えば実質的には小説以外には存在しないかのような観があり、古代や中世の詩文学などにはいたって冷淡な、この国の読者の人士の文学的嗜好とあれば致し方ない。いつの世にも詩などというものは読者が限られているものだが、文学自体は盛んなこの国では、とりわけそれが著しいように思われる。

出来栄えはともあれ、サッフォー、ルイーズ・ラベ、クリスティーヌ・ド・ピザンといった詩人たちの詩業とその生涯を、数少ない読者の眼にこの国では初めて供することができたし、ひとまずはまとまった形でトルゥバドゥールの愛の歌も世に問うことができた。いずれも流れに浮ぶうたかたのごとく、早々に消えてしまった本ではあるが、ほんの一握りの詩を愛する読者の手には渡ったものと考えたい。

今は書店の店頭から姿を消しているが、戯文作者として楽しみながら翻訳したオウィディウスの『恋愛指南―アルス・アマトリア』が、文庫本だったためか版を重ね、それなりの数の読者を獲得したらしいのは思いがけないことであった。数多くの凡作を含んでいるため全訳することの意味を見いだせないまま、命じられるがままに『ギリシア詞華集』のエピグラム全一五巻四五〇〇編を、二年足らずで無我夢中でしゃにむに訳出したが、文学的には意味は乏しくとも、この膨大な詩の集積がギリシア文化、後期ギリシア人の生態を映し出しているということで、それなりの意味はあったものと思いたい。これまでにわたしが出した本は、どれも世に知られず読まれることなくたちまちにして消えた（あるいは消えてゆく）本ではあるが、それでも世に出たからには、誰かは読む人もいるであろう。

残念ながら、ヨーロッパの古典学者の説くところをそのまま受け入れるのではなく、あくまで東洋の一読書人としての立場に立って、ギリシアの抒情詩人たちを論じたつもりの『ギリシアの抒情詩人たち―竪琴の音にあわせ』は、詩人たちの側からの反応は乏しかった。同様に続いて世に問うた、古代から近代までのオルフェウス伝説をたどったおそらくは世界で最初の本である『オルフゥウス変幻』も、反響は乏しく、とりわけ詩人たちの間でまったく反応が見られなかったのは残念であった。意気込んでやった仕事だけに、これには失望落胆せざるをえなかった。この国のウンカのごとく数多くいるらしい詩人たちが、詩人の祖とも言うべきオルフェウスになんの関心を示さず、欧米の古今の詩人たちがこの詩人にして楽人に対し異様なまでの関心をもち、それを作品化していることにも無関心なのは解せないことである。わが国の近・現代詩にしても、ヨーロッパ詩の全面的な影響下に成立したものであるからには、詩人たちにはその淵源や伝統にもっと関心をもって欲しいものである。オルフェウスはわが国現代の詩人たちにとっても、決して無縁な存在ではない。というのは、世に読まれることなきホウマツ本の著者の身勝手な嘆きというものだろう。非は詩人でさえも関心をもたず、多くの読者を見出し得ないそんな古い時代の詩人たちについて本を書いたわたし自身にある。古典詩とりわけヨーロッパの古典詩などというものは、古代・中世の文学にはごく冷淡なこの国では一向に陽の当たらぬ文学であって、学ぶに労多くして報いられること少なく、それによって文名は上がらず、縁の下の力持ちたることを覚悟しなければその中に身を投じることはできない。それでもなんとかやってきたのは、偏にそれが好きだったからである。自分が好きでやってきたことであるから、その労が報いられなかったからといって、文句を言うつもりはない。こうして毎回「空振り」を繰り返しては落胆し、「むなしかるべきわが所業かな」との所感を抱いてやってきたわたしの古典詩紹介の仕事も、すでに終わりを迎えつつある。異様なほどの近・現代文学偏重の文学的風土にあって、反響の乏しさと、その因をなしたわたし自身の仕事の貧しさ、拙さを嘆かざるをえないが、所詮はこれも力量不足、不才の致すところである。

終わりに臨んで今それを顧みるに、ヨーロッパの古典詩に関して書き洩らしたこと、言い足りなかったこと、いつか書こうと思いながらもついにその機会がなかったり、気力が失せたりしてそのままになっているものがまだいくつかあったことに気づく。そこで、かつて愛読したりその翻訳や紹介に携わったりした古典詩の記憶を掘り起こし、古典詩回顧、古典詩の落穂拾いという形で、以下ヨーロッパの古典詩に関して、いまさら書かずもがなの小文を綴ってみたいと思う。世にわたしと同様な閑人がいて、「恍惚惨人詩話」の一章として読んでくださる人もがなという思いを抱いているが、果たしてさような奇特な閑人が、スマホ文化全盛のこの国にいるだろうか。

『オルフェウス変幻―ヨーロッパ文学にみる変容と変遷』に書き洩らした詩のこと―オルフェウスを詠った中世ラテン詩

今から三年ほど前（二〇二一年）に、それまで長いこと携わってきたヨーロッパの詩文学に決別するにあたってその集大成とするべく、この世に遺し置くはかない「紙の墓標」として『オルフェウス変幻―ヨーロッパ文学にみる変容と変遷』という本を出した（京都大学学術出版会刊）。古代の詩人たちが詠うところに拠ってホメロスに先立つヨーロッパ最古の詩人とされ、詩人の祖でもあるこの半ば以上伝説の中の詩人・楽人の輪郭を描き、またギリシア以来近代に至るまでのさまざまなヨーロッパの詩人や作家、芸術家たちが、詩というものの体現者であったオルフェウスという存在にどのような関心を示し、それをどんな形で作品化してきたかということをたどってみるという試みであった。これまでわが国の古典学者や詩人によってこのたぐいの本が書かれたことはなく、管見の及ぶかぎりでは、古代から近代までオルフェウス伝説の変遷と変容の跡を追ったものとしては、世界で最初のモノグラフィーだったと思うのだが、二三の書評は出たものの、わたしの師とも言うべき亡き詩人鷲巣繁男氏などを別とすれば、この国の詩人たちはオルフェウスなどにはあまり関心がないらしく、詩人たちの側からはこれという反響も反応もなかった。おそらくはこの本を読んだ詩人はほとんどいなかったのだろう。

いつものことだが、本が出てからやや冷静になって顧みると、この本にいくつかの欠落や不正確な箇所などがあったことを知り、臍を噛む思いである。衰老つのった老骨の悲しさで、「もう自分に残された時間はあまりない」という焦慮に駆られ、完成まで漕ぎつけたい一心から猛スピードで筆を走らせ、五〇〇頁あまりをわずか半年ほどで書き上げたので、細部にまで眼が及ばなかったし、書き洩らしたこともいくつかあった。最も痛恨事と思われるのは、オルフェウスを詠ったわが国の詩人たちに言及したくだりで、迂闊にも多田智満子の詩「詩人の死」についてふれなかったことである。この貴重な作品について書き洩らしたのは失態であったというほかない。もうひとつは、中世におけるオルフェウス像をあつかった章の中世ラテン詩に言及した箇所で、ブロワのピエールとプリマスのフーゴーの作であるオルフェウスを詠った詩についてで、まったくふれなかったことである。なんとも迂闊なことであった。中世の俗語文学におけるオルフェウス像の変容変貌を告げる作品を挙げることに急で、ラテン語詩への目配りが不十分だったと思わざるをえない。聖トロンのティエリなどいう今日では誰も読まない詩人の恐ろしく長たらしい詩やゴーティエ、ゴドフロワやアベラールのラテン語詩などにはふれたのに、この時代のラテンの代表的二詩人の詩に言及しなかったのである。これは確かに欠落と言えば欠落である。多くを学んだJ・B・フリードマンの著書『中世におけるオルフェウス』に引きずられ、中世文学におけるオルフェウス像の変容の大きさにばかり眼を奪われたのと、オルフェウスの登場する中世ラテン詩をもあつかったピーター・ドロンケの大著に、上記の二詩人の詩への言及がなかったことがその一因だが、それにしてもこの欠落は悔やまれる。拙著刊行後にドロンケには『The Return of Eurydice』という論文があったことを想い出し、所有していたコピーでそれを読んだが、遅きに過ぎた。これも以前読んだ本をみな忘れ果てていた耄碌の致すところだと反省することしきりである。

総じて古典的・異教的オルフェウス像が大きく変貌し、多様な形で語られ描かれた中世においては、ラテン語詩の世界ではオルフェウスはどちらかと言えば影が薄いし、これと言うほどの作品は生まれなかった。拙著でとりあげ言及した詩にしても、アベラールの作品「愛の哀悼歌」を除くと、重要な詩はないと言ってよい。幸い、と言ってはなんだが、わたしが書き洩らしたオルフェウスを詠ったブロワのピエールの詩「オルフェウス」という詩にせよ、プリマスのフーゴーの詩「オルフェウスとエウリュディケ」にせよ、この詩人たちの作としてはおよそ傑作とは言い難く、いずれも代表的な中世ラテン詩を収めた詩選集のたぐいには収められていない。それも道理で、前者は「真の哲学者」たる楽人オルフェウスが、天文学や自由学芸《アルテス・リベラーレス》のひとつとしての音楽の探究に邁進していたが、エウリュディケの美貌に魅せられ、彼女に夢中になったあまりに学問や竪琴すらも忘れ果てたが、最初は彼の求愛を拒んでいたエウリュディケも、ついに降伏してその愛を受け入れたということを詠っただけのまことに無内容なかつ低調な詩である。オルフェウスを学問に専心する哲学者としているところに中世的特色があるとは言えるが、中世ラテン詩人としては傑出した存在の一人であるピエールほどの詩人が、なぜかようなつまらぬ詩を書いたのか解せないところだ。

後者は、ウェルギリウスが『農耕詩』で詠ったオルフェウスの「冥府降り」と、それに次いでオウィディウスが『変身物語』の中で詠った、同じ「冥府降り」の下手な焼き直しにすぎないもので、オルフェウスが冥王の前で竪琴を奏でつつエウリュディケの返還を求める場面で終わっており、肝腎の結末の部分を欠いた未完の作品である。最後の部分などはオウィディウスの敷き写しのごときものであるから、改めてここで引いて紹介するまでもない凡作である。それゆえか拙著で重要な作品について書き洩らしたというわけではないが、それでもやはりまったくこの二編の詩についてふれなかったのは悔やまれる。

もうひとつ書き洩らしたのは、スティーブン・イェーガーというアメリカの中世学者の『Ennobling Love』という著書でふれられている、世に知られていないラテン語詩についてである。この学者によれば、一一世紀末に書かれた作者不明の『フィロロギアとメルクリウスの結婚』という教育的な意図をもったラテン語の詩があって（これはこの作品のモデルとなった有名な作品とは別の作品である)、そこではオルフェウスのみかエウリュディケまでもが、神々と詩女神《ムーサ》たちの前で歌ったことが詠われているという。イェーガーによれば、これはエウリュディケが歌ったことになっている唯一の作品だという。そこで引かれているその詩の一節には、歌い終わったエウリュディケを讃えて、神々が彼女に月桂冠と黄金と宝石を贈ったと詠われている。

神々の集いは女人たちを讃えることをよしとして、
こぞって彼女に賛辞を送り、それにふさわしい
月桂冠と黄金と宝石とを授けたもうた。

というのがそのくだりである。「歌うエウリュディケ」という伝承はほかにないから、中世における異色の作品としてこれにも一言ふれるべきであったが、これも書き落としてしまった。ただし、この三編の詩を考慮に入れても、拙著で述べたように、全体として見ると、俗語文学の世界では英語で書かれたロマンス『サー・オルフェオ』やラウル・ルフェーブルのフランス語によるロマンス『オルフェウス奇譚』とも言うべき作品などでは、オルフェウス像が大きく変貌しているのに比して、中世ラテン詩の世界では、ウェルギリウスやオウィディウスの造型した古典的、異教的オルフェウス像が比較的よく保たれ、伝えられているという事実に変わりはない。中世俗語文学の

世界ではオルフェウス像が大きく変貌、変容し、時に荒唐無稽な物語の主人公となったりしているが、中世ラテン詩の世界で変貌の度合いが少ないのは、詩人たちの古典ラテン詩に関する教養が豊かで、ウェルギリウスやオウィディウスの描いたオルフェウス像を知悉していたため、自由気ままに想像をはたらかせ、中世特有の寓意的で荒唐無稽なオルフェウス像を創り上げることを妨げたのであろう。上記の三編の詩について書き洩らしたことで、欠落はあったが、中世におけるオルフェウス像に関して事実を伝えなかったわけではないから、それが救いと言えば救いである。

ギリシアの哀悼詩・碑銘詩

古来詩のテーマはさまざまであって、歴代の詩人たちは志の赴くままに人事百般や自然界の現象などを詠ってきたが、いつの世にも渝《かわ》ることなく読者の心を撃ち、その魂をゆさぶるのは、亡き人を悼む哀悼詩である。死という一人の人間にとって最大の不幸が、不朽の傑作や名詩を生んだ例はあまたある。個人的なことを言えば、齢を重ねるつれ、身辺から肉親をはじめ友人たちや親しい人々が次々とこの世から姿を消してゆくのを経験すると、和泉式部の詠ったという思いを胸に、亡き人を悼み偲ぶ哀悼詩や挽歌が、いっそう切実に身に染みるのを覚えるようになった。実際、古来詩というものは不幸な者、弱き者、苦しむ者、悲しむ者、虐げられた者たちへの慰めとなりその心の癒しとなってきた部分が大きいのであって、生きることのよろこびや愛がもたらす歓喜、偉大なるものへの賛美といった肯定的なことを詠った詩よりも、悲哀や嘆きや苦悩を詠った詩の方が、はるかに人の心に迫り、その胸を撃つものである。すぐれた詩歌が人間の幸福ではなく不幸や悲哀を契機として生まれるということは決して喜ぶべきことではないが、冷厳な事実としてはそうなっている。人間にとっては不幸な出来事が、文学にとっては幸福な結果をもたらすというのが、古今を通じて変わらぬ事実なのだ。古来東西古典詩の中でも、亡き人を悼む哀悼歌や挽歌、碑名詩などに傑作名唱とされる詩が多い。先に述べたように、愛に生きた歌人和泉式部にしても、挽歌、哀傷歌において一段とすぐれた絶唱を遺している（この点で、全体としては人生肯定の立場に詠われた作品が多い中国古典詩は、やや異質な感じがすることは否めない。そういう観点からすると、失われたものに心惹かれ、他者の死や喪失にとりわけ鋭い眼を向け、その表出に秀でた李商隠は中国の詩人としてはやや特殊な存在かもしれない）。わが国の短歌を見ても、『萬葉集』以来、哀傷歌にすぐれた歌が多いのは周知のとおりである。挽歌にすぐれ、朝廷

の「死の詞人」だと言われる（中西進説）柿本人麻呂が妻の死に遭って「泣血哀慟して」作ったという長歌や、その反歌

秋山の黄葉を茂み迷ひぬる妹を求めむ山道《やまじ》知らずも

や、刑死した弟大津皇子を偲んで大来皇女が詠んだ

うつそみのひとなるわれや明日よりは二上山を弟背《いろせ》とわが見む
磯の上に生ふる馬酔木《あしび》を手折らめど見すべき君がありといはなくに

といった哀切な歌は、一〇〇〇年余りの時を越えてわれわれの胸を撃つ。和泉式部の数々の師宮挽歌群や小式部哀傷歌は言うもさらなりである。子をもたぬ良寛が、天然痘でバタバタと死んでいった村の子供たちを悼んで、無筆の親たちに代わって詠んだ

あづさゆみ春を春ともおもほえずすぎにし子らがことを思へば
人の子の遊ぶをみればにはたづみ流るる涙とどめかねつも

といった歌にしても、今日これを読む者の胸に惻惻と迫るものがある。江馬細香が師

頼山陽を悼んだ詩や広瀬旭荘が亡き妻を悼んだ悼亡詩もまた哀切をきわめる。細香の

重入京城人不存
白楊青草暗銷魂
嶮来旬半秋遊袂
涕泪痕多於酒痕

重《かさ》ねて京城《けいじょう》に入《い》るも　人存《ひとそん》せず
白楊青草《はくようせいそう》　暗《あん》に魂《たましい》を銷《け》す
嶮《しら》べ来《き》たる　旬半《しゅんはん》　秋遊《しゅうゆう》せし袂
涕泪《ているい》の痕《あと》は　酒《さけ》の痕《あと》よりも多《おお》し

（訓読は福島理子氏による）

という悼詩がそれである。「亡くてぞ人は恋しかりける」で、旭荘もまた亡き妻と酒を酌み交わした日を偲んで、「秋夜の作」と題する悼亡詩を作り、その一首を、

我非無醇醪
今也譽誰飲

我《われ》に醇醪《じゅんろう》無《な》きに非ざるも
今や誰《だれ》と与《とも》に飲《の》まん

と妻を亡くした寂しさを訴える詩句で結んでいる。強いて独り晩酌してみたところで、妻を失った清朝の詩人王彦泓が「悲遺」なる詩でその悲しみを、

今来酔也無人管
一度持觴一涕零

今来《こんらい》 酔《よ》うとも也《ま》た 人《ひと》の管《かん》するなし、
一度《ひとたび》觴《さかずき》を持《も》てば 一たび涕《なみだ》零《お》つ

と詠じたような結果に終わるだけである。

中国文学では、亡き妻を偲んだ潘岳の悼亡詩は辞操美しい傑作として知られ、李商隠の悼亡詩もまた情緒纏綿たるものがあって、忘れがたい印象を残すものだ。庾信や元稹、韋応物、韋荘の悼亡詩なども、これを読む者の心に生涯の伴侶を喪った男の悲嘆が切々と迫ってくる。夫に従っての旅先で急逝した妻の死を悼んだ梅暁臣の悼亡詩「懐悲」は、貧しい暮らしの中で苦楽を共にした愛妻に先立たれた夫の悲哀が直截に吐露されていて、読者の胸を衝かずにはおかないものがある。そういう悼亡詩にふれると、洋の東西古今を問わず妻を喪った男の哀しみを詠った詩の普遍性というものが、詩に詠われてきたことがわかる。そこから

マラニトスはニコポリスを石棺の中に納めた、
石造りの棺をしとど涙でぬらしながら。
でもそれでどうなったわけでもない、
妻に先立たれてこの世に独り遺された男に、
悲嘆のほか何がありえようか。

というギリシアの逸名の哀悼詩がおのずと脳裏に浮かんでくる。また悼亡詩ではなく朋友への哀悼詩ではあるが、李商隠の「劉蕡《りゅうふん》を哭す」なども哀悼詩の絶唱として名高い。わたし自身の経験で言えば、身辺で多くの人々の死を体験し、喪失の悲哀を痛感する齢に達した頃、つまりは古稀も半ばを迎えてから、図らずも『ギリシア詞華集』を全訳するという経験をしたが、人事百般を詠う「人間世界万華鏡」とも言える多様多彩な内容をもつギリシア・エピグラムの中で、深く心撃たれまた共感を覚えた詩が多く見出されたのは、実に七四八編にも及ぶ哀悼詩・碑銘詩を収めたその第七巻であった。パターン化した凡作愚作を少なからず含むこの多量の詩群は、ギリシア人のさまざまな形での死とそれに対する反応を詠ったものである。なかには文学作品としてすぐれた詩もあるが、それ以上に、かれらが人間の死というものにどのように反応し、どんな人間的感情を抱いていたかを窺い知ることができるという点で興味深い。そこでは多くの詩人たちによって、オルフェウス、ホメロスから市井の無名の人物、細民、奴隷に至るまでの、古今の人物たちの多種多様な死が詠われ、描かれている。英雄的な死、華々しい戦死、哲学的な死、遭難死、頓死、酔死、野垂れ死に、奇禍による死、殺人による死、悶死、産褥による死、夭折、滑稽な死など、多種多様な死の様相が、多くは哀悼の念をこめ、時に皮肉や揶揄をもって詠われている。

その中には純然たる文学的虚構として、遠い過去の詩人や著名な人物の死を詠ったり、儀礼的な哀悼詩だったり、人の滑稽な死にざまを諧謔を交えて綴ったりした作も少なからず含まれているが、実際に詩人が死者を悼み、悲嘆の念をこめて亡き人への思慕や想い出を詠った詩もまた多い。それらの詩に自身の喪失の体験を重ねて、作者に代わってそれを日本語の哀悼詩となすべく、他のテーマの詩よりもいっそう心をこめてその訳出に努めたことが想い出されるが、訳出は困難をきわめた。

ギリシアの哀悼詩と言えば、ヘレニズム時代の牧歌詩人モスコスが詩人ビオンの突然の横死を悼んだ『ビオンへの哀悼歌』が世に知られるが、これは文学・詩としてはかなりの出来栄えではあっても、詩的でありすぎて、読者の胸を衝くような作ではない。それ以上に名高いのは、対ペルシア戦争で斃れた戦死たちを悼んだシモニデスの何編かの哀悼詩で、それらは不朽の傑作であり、わが国では呉茂一氏の名訳によって知られている。これは文学として詩的完成度が高いものだが、さほどの作ではなくとも、死者を悼むというテーマそのものによって、後世の関心を惹くに足る哀悼詩・碑銘詩も少なからずある。『ギリシア詞華集』はそのたぐいの詩を多く収めている。

それらは詩人が実際に人の死に臨んで作った詩であって（それはしばしば遺族の依頼を受け、碑銘としてそれを墓碑に刻むためであったが）、死者を悼む哀悼の念が真摯に表出されている例が多い。その多くは文学作品たろうとして書かれたものではないので、概して措辞は凝らさず、直截に死者を詠い悼んでいるが、それだけに翻訳は難しい。原詩のもつ簡浄な美しさ、単純さゆえに訴える力が訳詩では消えてしまい、そこに宿る哀音を伝えることが困難なのである。一例を挙げれば、ピリタスなる詩人のこんな詩がそうである。

墓石は悲しみに沈んでこう告げている。
「ほんのわずかな日々しか生きなかった幼いテオドタを、冥王が奪い去った」
すると幼い子がまた父に向って言う、
「お父ちゃま、悲しみをこらえてね。人間《ひと》には不幸なことがよくあるの」

幼くして死んだ娘とその墓を訪れた父親との想像上の対話という形の碑銘詩だが(生者と死者の対話は、碑銘詩にしばしば見られる形で、そこには生者と死者とが相対して向かい合う姿がレリーフで描かれているのが普通である)、右の拙訳でその直截な悲哀の表出がどの程度伝えられたか、大いに不安である。ベルセスという詩人の次のような詩も同様である。

ピライニモンよ、花嫁も迎えぬうちにおまえは逝ってしまいました。
母ピュユティアスは今季を迎えたおまえの手を引いて、
花嫁の間《ま》へ誘《いざな》う望みを断たれ、みじめにも頬をかきむしり、
十四になるおまえを、この墓に葬りました。

女性詩人アニュテーによる詩二編も、やはりこの部類に入る。

いまわの際《きわ》に臨んで乙女エラトー、両手もて父のうなじを抱きて、
あふれる涙頬につたわるままに遺せしことばは、
「ああ、いとしいお父さま、わたしはもうあなたのものではありませぬ。
真っ黒な覆いが眼にかかり、もう暗いところへ行ってしまいます」

いとしい母のうなじに手を投げかけ、涙にくれて
ゴルゴーが遺した最後のことばは、
「お母さま、まだお父さまのそばにいて、わたしより運のよい娘《こ》を産んで
くださいな。お母さまの白髪の甥の日々のお世話をさせるにも」

拙訳は詩的ではないと言われようが、原詩自体が詩であることよりも哀悼の意そのものを表出するための実用の作であるから、大目に見ていただかねばならない面もある。右の詩のような、詩人が幼くして、または年若くして死んだ者たちを悼み、遺されたその親たちの悲嘆を表出した詩は、洋の東西を問わずかなり多い。そう言えば蘇軾にも幼くして死んだわが子の死を痛嘆慟哭した詩があるし、室生犀星、中原中也に

もわが子を亡くした悲しみを詠った詩があった。全体として、亡きわが子を悼む中国や日本の哀悼詩は、ギリシアの哀悼詩に比べると、表現がより抑制されているように思われる。直截な悲哀の吐露表白ではないところが、かえって遺された親の悲しみをよく伝えていると言えそうである。例えば愛娘を失った清朝の詩人高岑《こうしん》という詩人の次のような作がそうである。

貧家生小倹梳妝
竹笥練裙少盛装
繍得羅襦幾回着
送終猶是嫁衣裳

貧家は生小より梳妝《そしょう》を倹す
竹笥《し》練裙《そくくん》　盛装少《すくな》なし
羅襦《らじゅ》を繍《ぬ》い得えたるも幾回か着たる
送終《そうしゅう》　猶《なお》是《こ》れ　嫁するの衣裳

嫁ぐにはまだ早い歳の愛娘を喪い、死出の旅路に花嫁衣裳を着せてやらねばならなかった父の悲痛な哀惜の念が、最後の詩句にこもっている哀悼詩で、それが胸を撃つ。
　ギリシア詩の訳者としては、これまでに見たような直截な表現による実際の碑銘詩よりも、哀悼の表出においてすぐれ、死者を悼むとともに意識的に文学作品、一編の詩たるべく修辞を凝らし詩句を磨いて書かれたエリンナやメレアグロスなどの詩の方が、むしろ訳出は容易であった。「うすくこき野辺の緑の若草に跡までみゆる雪のむら消え」という名歌を詠んで天才少女として名を馳せた新古今時代の女歌人宮内卿と同じく、十九歳で夭折したと伝えられるエリンナという詩名一世に高かった女性詩人が、婚礼の日の夜に突如みまかった友バウキスを悼んで作った哀悼詩があるが、それはこんな詩である。これは文学性豊かな哀悼詩として知られた詩であり、後世に伝わる彼女のわずかな詩のひとつである。

これは花嫁バウキスが墓。悲しみの涙あまたそそがれしこの塚の傍
過ぎゆく人よ、伝えてよ、このことば、地下の冥王に、
「冥王さま、あなたは妬み深いお方」と。このうるわしき墓碑銘に
眼とむる人は覚らめ、バウキスが酷《むご》き運命《さだめ》を、
義父《ちち》なる人の、かの乙女の焼く火を点じたまいしは、
そをもて晴れやかに祝婚歌うたいことほぎし、かの松明もてなされしことを。
してまたヒュメナイオスさま、あなたはうるわしい祝婚歌《いわいうた》を、
痛ましき悼歌の声に変えてしまわれたとは。

次の詩は、恋愛詩の稀代の手練れとして詩名一世に高かったメレアグロスがその愛人ヘリオドラの死によって悲嘆にくれ、万斛の涙をそそぎつつ作った哀悼詩だが、訳詩を介してでも、これが傑作とされている理由が何ほどかはわかるのではなかろうか。哀悼詩の傑作とされる一編である。

ヘリオドラよ、たとえ地の下であろうと、涙を、
愛の名残であるこの涙を、冥府の奥深くまで君のためにそそごう、
悲嘆《かなしみ》に胸引き裂かれて流す涙を。泣きぬれて築いた墓にそそぐは、
君に寄せたくさぐさの想い出、愛し合った二人の追憶。
みまかってもなお愛しい君を想って、悲しみにもだえ、またもだえて、
メレアグロスは哀哭するのだ、アケロンへの虚しい捧げものと知りつつも。
ああ、憧れを誘った、若枝のようなあの女《ひと》はいずこに？攫っていって
しまったのだ、冥王めが、攫っていって塵土《ちりひじ》で穢してしまった。
されどおんみに額づいて願うは、万物を養う大地よ、世の人がなべて悼む
かの女《ひと》を、母よ、その腕にやさしく抱きしめてやってくださいませ。

だが正直な感想を言えば、わたしはこうした文学的な哀悼詩よりも、普通の市民の平凡な死を、たとえば旅先で寂しくみまかった死者の心を、詩人が当人に代わって詠ったこんな詩の方により多く心惹かれるのである。僻遠の地で客死した妻の夫への思いを詠ったのが次の詩である。

そう、お願いでございます、道行きたもう方、わたしの祖国《くに》テッサリアに

行かれたならば、わがいとしの夫《つま》にこうお伝えくださいませ、
「あなたの妻は死にました。あわれボスボロスの海辺近くの
地中の墓におさまっております。
でもあなたのおそばのその土地に、主のないお墓を建ててください、
かつてあなたの妻だったわたしを想い出すために」と。

これはアガティアス・スコラスティクスの作だが、こういった無名の死を文学的技巧を凝らさず直截に詠い、それが却ってわれわれの心を強く撃つ哀悼詩・碑銘詩はほかにもあまたある。人間のみならず愛する小動物、蝉やキリギリスのための哀悼詩まであるのだから、その死を悼み詠われる対象は実に多種多様である。『ギリシア詞華集』にはそのほかに、実際に死者を弔い哀悼するのではなく、詩人が風刺詩作者としての技量を示そうとして作った逸名の作者による架空の碑銘詩なども少なからずあって、それはそれなりに面白い。多くは風刺的ないしは滑稽な趣のある詩だが、風刺はエピグラムの身上だからである。たとえば次のような詩がそういう「文学的」な意図で作られた碑銘詩である。

このわし、タルソスの男ディオニュシオスは、齢六十にしてここで眠っておる、
一生の間嫁ももらわずに。わしの親父もそうしてくれりゃよかったものを。

　俺を殺しおった男めが、己が仕業を隠そうと、俺をここに葬った。
　墓を築いてくれたなら、やつもまた同じ親切にあずかって欲しいわい。

いかにも古代の詩だと感じさせるのは、故郷を離れ他郷で不慮の死を遂げた行路死者を悼む詩が何編も見られることで、昔は人にとって旅とは常に死の危険と隣り合わせであったことが、ここからも窺われる。わが国でも、聖徳太子がそのような死者を悼んだよく知られた歌がある。

　家にあらば妹が手枕《ま》かむ草枕　旅に臥《こや》せるこの旅人《たびと》あはれ

という歌がそれだが、右の一首よりも、人麻呂が讃岐国狭岑島で行路死者の屍を見た折に作った、死者の慰撫と鎮魂の長歌はさらに名高い。その反歌の一首はこんな歌である。

　沖つ波來よる荒磯を敷栲の枕とまきて寝《な》せる君かも

右は日本の歌の例だが、ギリシア人は海洋民族であったので、古代ギリシアでも同様に行路死者とりわけ水死者を悼んだ詩が少なからずある。例えば商いのため船旅に出て難破して死んだ死者の骸を見かけたゾナスなる詩人が、その水死者を悼んだ詩はかようなものである。

君の頭の上に浜辺の冷たい砂をかけてやろう、
冷え切った骸にそれをふりかけながら。
君の母者は墓の上で哭声《なきごえ》を上げることもなく、波に打たれて
ぼろぼろになった君の屍を眼にすることもなかったのだから。
エーゲ海の浜辺からほど遠からぬ、荒涼とした、
人寄せつけぬ海岸が、君の体を受け止めたのだった。
だからこのわずかばかりの砂をかぶってくれよ、見知らぬ男よ、
それと多くの涙とを。破滅に到る商売《あきない》の道へ乗り出したからには。

荒磯に横たわる、他郷で惨めに客死した男を詠った点では同じだが、死者の鎮魂慰撫の歌としては、右の詩は人麻呂の激した調子で詠われた歌には遠く及ばない。にもかかわらず、古代ギリシアの詩とわが国の古代和歌とが同じテーマを詠い、よく似ているのは興味深いことだ。ギリシアでは難破などによる水死者の数はかなり多かったと見え、右の詩と同じような内容の詩が『ギリシア詞華集』にはかなりある。
ここで取り上げたのは、『ギリシア詞華集』に七五〇編近くあるギリシアの哀悼詩・

碑銘詩のほんの一部、大海の一滴にすぎない。読者がこういう詩にも関心をもって『ギリシア詞華集』を覗いていただけるとありがたい。

近年挽歌や哀傷歌、死者を悼む詩のようなたぐいの詩に関心が傾き、それに心を動かされることが多いのも、わたしが頽齢に達して、日々死の足音が迫ってくるのを感じているからであろう。自分がいつどんな死に方をするのかということが老来脳裏を離れないが、人の死に方というものがやはり気になる。そこで、過去の詩人たちはどんな死を遂げたのかを調べて、『百人一死―詩人たちはいかに死んだか』(水声社、二〇二三年)という戯著を書いて詩人たちの死の諸相を綴ってみたのだが、案の定詩人たちからはなんの反応もなかった。殺人から野垂れ死に至るまで詩人たちのさまざまな死に方は、実に興味深いものだ。反響がなかったのは、いい加減な内容の本なので、井伊華言《いいかげん》というふざけた名をもって上梓したのがいけなかったのかもしれない。詩におけるユーモアの要素が乏しく、深刻好みのこの国の詩人たちのお気に召すようなものは、狂詩・戯文の徒には書けそうもない。

南仏抒情詩の珠玉の一編

中世南仏の生んだトルゥバドゥールと呼ばれる詩人たちの詩（その本質はむしろ歌謡と言うべきものである）に関心を持つようになったのは、三〇代の初めに偶々A・ハットーという碩学が編んだ、『エオス』と題された古今東西の恋人たちの暁方の別れを詠った詩や歌の一大アンソロジーを手にしたことによるものであった。中世ドイツにわが国の後朝《きぬぎぬ》の歌に相当する「ターゲリート」なる愛の歌があったことは、学部の学生時代に読んだ『マルクス・エンゲルス文学・芸術論』で、エンゲルスがターゲリートを中世ドイツ文学の白眉として挙げていたので知ってはいたが、それがどんなものであるかは知らなかった。それが後にハットー編のモニュメンタルな浩瀚な書に接することで、英訳によってではあるが、その輪郭を知ることができたのである。併せて南仏に「アルバ」と呼ばれる後朝の歌が、北仏には「オーブ」と呼ばれる同じテーマの歌があることをも知り、やはり英訳によってではあるがそれを読み、痛く関心をそそられたのであった（実はこのテーマの詩や歌が、洋の東西を問わず古来世界中に普遍的に存在することは、ハットー編の大著が示すところである）。

同じ頃、オックスフォードの詩学教授だったJ・W・マッケイルの『Lectures on Greek Poetry』という本を読んだが、その中のサッフォーを論じた一章で、これから取り上げる、女性詩人の作かと思われる逸名のアルバが引かれており、それが中世プロヴァンスの生んだ最も美しい詩のひとつとして称えられていたのである。これがきっかけとなり、やがてオック語を学んでトルゥバドゥールの詩に取り組むこととなったが、当時ヨーロッパ中世の詩文学に関心が傾いていたこともあって、一時期かなりの熱意をもってトルゥバドゥールや北仏のトルゥーヴェールの詩の世界に浸ったこともあった。アンリ・ダヴァンソン（これは著名な教育学者H・マルーの筆名だが）の『トルゥバドゥール』という本を読んだことも大いに刺激になった。それももはや四〇年以上も昔のことである。その頃出版のあてもないままに、折にふれて訳出したトルゥバドゥールの詩（と言うよりもむしろ歌謡）を、一〇数年後に（一九九六年）『トルバドゥール恋愛詩選』として平凡社から刊行できたのは、望外の幸せというものであった（間もなく書店の店頭から消え今は埋もれてしまったこの本は、偏に名編集者だった亡友二宮隆氏の尽力によって陽の目を見たものである）。

しかるに老来関心が漢詩や和歌など東洋の古典詩に集中するにつれ、三〇代後半に熱を入れて読んだ中世ロマンス語詩や中世ラテン詩の記憶はとみに薄れ、もはや記憶の彼方へと去ってしまった。わが胸裏に憧れを掻き立てた佳人、右の訳詩集を捧げた美しい女性が、老いてなおその美しさと品位を保っていることが、今となってはトルゥバドゥールにまつわるただひとつのなつかしい想い出となっている。

そんな中で、ほとんどの詩は忘れたが、なお忘れがたい一編がある。それが先に挙げた「果樹園の中、さんざしの葉陰で（En un vergier sotz fuelha d᾽albespi）」というアルバ（後朝の歌）なのである。まだ若かったわたしを中世プロヴァンスの世界へといざなってくれたこの短い詩のみは、折にふれ脳裏によみがえり、その一節がふと原語で口をついて出たりもする。中世プロヴァンス詩の珠玉の一編であるこの詩については、大昔一文を草したこともあるので二番煎じではあるが、ここでもう一度、読者の眼前から消えて久しい拙訳の『トルバドゥール恋愛詩選』からそれを引いて、一瞥してみたい。それはこんな詩である。本来メロディーに乗せて歌われたものである原詩の響きは、軽やかにして流麗で美しいが、残念ながら翻訳ではそれを伝えるすべがない。

果樹園の中、さんざしの葉陰で
貴婦人はいとしい人を胸に抱きしめる、
夜警の者が、曙光《アルバ》を見たと叫ぶまで。
おお神様、おお神様、もう曙光《アルバ》が！
　こんなにも早く来るなんて！

神様の御心により、夜明けが絶えて来ませぬように、いとしい方がわたしから去ってゆきませぬように。
夜警の者が陽の光も曙光《アルバ》も見ませせぬように。
おお神様、おお神様、もう曙光《アルバ》が！
　　こんなにも早く来るなんて！

うるわしくやさしい方、さあ接吻《くちづけ》を交わしましょう、
小鳥たちの歌っているあの牧の原で。
嫉妬深い夫《あのひと》にはかまわずに、歓《たのしみ》を尽くしましょう。

おお神様、おお神様、もう曙光《アルバ》が！
　　こんなにも早く来るなんて！

うるわしくやさしい方、さあもう一度愛の戯れを、
小鳥たちの歌っているあの園で、
夜警の者が竪笛を吹き鳴らすまで。
おお神様、おお神様、もう曙光《アルバ》が！
　　こんなにも早く来るなんて！

かなたからやさしく吹いてくる風の中で、
うるわしく、みやびで陽気な、わたしのいとしい方の
息吹からもれるやさしい光を飲んだわ。

おお神さま、おお神様、もう曙光《アルバ》が！
　こんなにも早く来るなんて！

貴婦人はやさしくまた愛らしい。
その美しさゆえあまたの人を魅惑する、
真心を尽くして愛に身を捧げる。

おお神様、おお神様、もう曙光《アルバ》が！
　こんなにも早く来るなんて！

女性崇拝を基本理念とし、騎士がある有夫の貴婦人を選んで愛の対象とし、その意中の佳人を「わが主君」と呼んで、全身全霊を傾けてその夫人を崇め讃え、飽くことなく彼女を歌で鑽仰するという形で「みやびの愛（宮廷風恋愛）」を詠い上げるのが、

トルゥバドゥールの詩の本来の形であった。それはいわば精神的な姦通愛であって、肉体的な愛には陥らぬことを前提としていた。愛がそういう関係にまで進むと、それはdrudariaと呼ばれ、「みやびの愛」の理念に背くものとされていたのである。それゆえ、すでに愛する者同士が結ばれ、一夜を共にした後に暁方の別れを悲しむことを詠うアルバやターゲリートは、本来の「みやびの愛」の理念から外れるものであった。だが、実際にはそれを詠った少なからぬ作品があり、しかも何編もの傑作が見られる。アルバやターゲリートは、暁の到来に脅かされ愛する貴婦人のもとを去らねばならない男性（騎士）の立場から詠われるのが普通だが、少数ながら右に引いた一編のように女性の立場からの嘆きとして詠われたものもある。女性の立場から愛する人とむすばれた恋の歓喜を詠い、相手を愛のいとなみへと誘い、愛し合う二人を引き離す無情の曙光《アルバ》の到来を怨み嘆く愛らしい貴婦人の姿を、簡潔明晰な表現で詠い上げたこの詩は、異色の作品だが歓喜と悲哀の入り混じった美しい愛の歌となっている。愛のよろこびを奪い去る暁の到来を恨んだ女性の悲痛な叫び、西行の詠った「明け離れ行く空を恨むる」嘆きに通ずる、

おお神様、おお神様、もう曙光《アルバ》が！

こんなにも早く来るなんて！

Oy dieus! oy dieus ! de l' alba tan tost ve !

というルフランが悲哀感を高め、実に効果的にはたらいている。作者はおよそ凡手ではない。

　実はこの逸名の詩の作者が「女流トルゥバドゥール《トロバイリッツ》」と呼ばれる女流詩人だというのはマッケイルの推測であって、確証はない。だがサッフォーの詩を思わせる簡潔直截ではりつめた響きをたたえた作として、この古典学者が絶賛してやまないこのアルバが、女性の手になるものであることは、ほぼ確実だとわたしにも思われる。作者は官能的ではじけるような愛の歓喜と、その後愛する騎士に捨てられた女の悲哀を詠って名高いディア伯爵夫人のような高貴な貴婦人だったのだろうか。

　中世ラテン詩研究の大家であるピーター・ドロンケは、この詩にウルガタ訳の「ソロモンの雅歌」の影響が見られると説いているが、わたしの想起するかぎりで言っても、肯える見解である。周知のように「ソロモンの雅歌」は旧約聖書の中で最も文学的な香りが高い部分で、ヒエロニュムスによるラテン語訳（ウルガタ訳）も実にみごとなものだが、「明治文学最大の傑作」とも言われる文語訳聖書の邦訳もまた美しい。全体の調子からしても、右の一編が恋人の愛を求めて夜の街を彷徨する乙女の姿を歌う一節を含む「ソロモンの雅歌」を背景にして生まれたというのは、ごく自然なことのように思われる。女性詩人の作と見られるこの愛の詩は、美しい自然の中で少女が愛する人とむすばれたよろこびをモノローグの形で詠いあげた、ヴァルター・フォン・

デア・フォーゲルヴァイデの名高いミンネザンク「菩提樹の木陰で（Under der Linden）」と並んで、ヨーロッパ中世の俗語詩の中ではひときわ印象深く、わたしには最も好ましい作品として記憶に残っている。

中世ラテン詩の小さな花

中世ラテン詩などという、この国では読む人も稀であろう文学に初めてふれたのは、やはり呉茂一氏の『花冠』に収められていた一〇編ばかりの訳詩によってである。だが最初読んだときには、多くはキリスト教信仰から生まれたそれらの詩篇には、ただ一編を除いて特に心惹かれることもなく、高雅な文語体の訳も馴染めなかった。

それが一転して、およそわが国では知られることもない文学に首を突っ込むことになったのは、もう半世紀以上前に、クルツィウスの大著『ヨーロッパ文学とラテン中世』をフランス語訳で読んだことによるものである（当時は邦訳はまだなかった）。そこで初めてヨーロッパには古典ラテン詩（ローマの詩）以外にもラテン語で書かれた詩というものがあって、中世を通じてそれが盛んに書かれ、中には傑作と言える詩もあると知ったのであった。それに刺激されて、ピーター・ドロンケの『Medieval Latin and the rise of European love-lyric』を読み、更に興味を覚えて中世ラテン詩の世界へしばし足を踏み入れることとなった。容易に入手できたペンギン・クラシックス版の『Mediaeval Latin Lyrics』や『The Oxford Book of Medieval Latin Verse』を手始めにあれこれの詩集を備えて、古典ラテン詩とはかなり趣を異にする中世ラテン詩を手探りで読み進めることになったのだが、通り一遍の読み方ゆえ理解が浅かったためか、正直に言って深く心を動かされたり、その美しさやすばらしさに感嘆するといった詩に出会うことはなかった。ケルンの大詩人《アルキポエータ》やプリマスのフーゴー、シャティヨンのゴーティエの詩などは面白いと思ったし、ビンゲンのヒルデガルドのような女流詩人を知ることもできた。また放浪学徒たちによる『カルミナ・ブラーナ』などの陽気な歌も楽しむことができたが、そこで得られたのは、なるほど中世のラテン語詩人の世界とはかようなものか、という知的な認識だったと言ってよい。その抒情性などよりは、中世の知識人がラテン語を自在に操って、その知性や感性を自在にぶちまけ繰り広げている様が興味深かったのである。

　詩としてどうかということになると、読んでいる過程でウェルギリウス、オウィディウスをはじめとする傑出したローマの詩人たちの作品が脳裏に浮かび、比較してしまうのは避けがたかった。中世ラテン詩は素人目にも決して下手な詩ではないし、自由奔放な作風が目立ち、文学的、詩的な感興が乏しいわけでもないが、詩的完成度、表現の洗練の度合いといった点ではやはりローマの詩には遠く及ばないという印象が残ったことは否めない。そこには、人文主義者たちが古典ラテン詩の優美洗練を再現しようと腐心し、心肝を摧いて表現を磨き上げたルネッサンスのラテン語詩のような重々しさはなく、むしろ詩人たちが、古典ラテン語とは持ち味が異なる中世ラテン語を俗語のように自由に駆使して、しばしば奔放な表現に拠って詠っており、その点では甚だ興味深い作品群ではある。言ってみれば、中国古典詩の規矩を外れた和臭（和習）の強い江戸漢詩を読むような面白さは確かにあるのだ。放浪学徒や無頼の詩人たちが自由奔放に謳歌した風刺詩や愛の詩などは、ローマの詩にはない独特の活気、生気にあふれていて、読んでいてそれなりに楽しいし、しばし中世の世界に遊んだ気分にもなれようというものだ。だが、これというほどの決定的な名詩はあまりないし、残念ながら深く脳裏に刻まれ、愛唱したりするほどの作は見出せなかった。

そんな程度の怠惰な一読者だったわたしの記憶に、例外的に残ったのが、『ケンブリッジ歌謡集』に収められた「女の春のため息（Verna feminae supira）」と題された、比較的短い詩である。この詩についても以前亀井俊介氏との共著『名詩名訳ものがたり―異郷の調べ』で取り上げたことがあるので、二番煎じだが、かつて愛読したもろもろの詩が脳裏から消え去りつつある今、もう一度それを記憶の中から呼び起こし、その美しさと魅力を確認しておきたい。先に見たアルバと同じくこれもまた女流詩人の作かと思われる、中世ラテン詩の園に咲いた小さな花であるこの詩は、全体としては粗削りで詩的完成度は高くない『ケンブリッジ歌謡集』中の白眉とされ、ボードレールの名高い詩『旅へのいざない』の成立に影響したと見られる「恋人をいざなう歌（Invitatio amicae）」とともに、中世ラテン詩の傑作のひとつに数えられている。
それをみごとに伝え得た呉茂一氏による訳詩もまた卓抜した出来栄えで、学匠詩人、名訳詩家としての呉氏の面目躍如たるものがある。わたし自身幾度かこの詩の翻訳を試みたが、呉氏の訳が脳裏に染みついていることもあり、まだどうあってもこれを超える訳詩はできないと悟ったので、ここでは氏の訳詩を掲げることとしたい。

春風はそよぎ立ち
　日の歩み温《ぬく》みゆく
靄々の気はひらけ
　野に山に漲るを。
くれなゐの春の朝
　荘厳をよそほえば
森の木々　葉を鎧ひ
　花は地に乱れ咲く。
鳥獣もおのがじし
　楽しとて巣を構へ
花咲ける樹々のもと

　よろこびを歌ひ上ぐ。
わが耳はこれを聞き
　眼はこれを看れども
よろこびはいづこぞや
　吐息のみ溢るるを。
われ独りこもりゐて
　青ざめて思《も》ひくるる、
ふと覚めて見上ぐれど
　目や耳や呆《ほう》けにし。
汝《なれ》やなほ春ならば
　聴きわけて量りてよ
花や葉や草も木も
　思ひ悩む我が心ゆゑ。

見ての通り、これは春の到来とともに恋に目覚めた乙女が、満たされぬ恋の思いを胸に抱いてひとり憂愁に沈み、その嘆きを吐息のごとく洩らした詩である。わが国の和歌の世界では、春と言えば霞たなびき、梅や桜の咲く季節であるが、ヨーロッパでは古来春と言えば何を措いても愛の季節である。日本人的感覚でヨーロッパ人の春に関する観念を捉えるのは誤りを生ずる惧れがある。わが国に比べても、ヨーロッパは冬が長く厳しい。長い冬に閉ざされ、男にとっても女にとってもその間抑圧されていたlibidoが、春の訪れとともに爆発し、人みな愛の歓喜に酔い痴れるのが春にほかならない。ヨーロッパの詩においては、古代ギリシア以来春と愛とは固く結びついたテーマなのである。右の詩で詠われているのも、そんな愛の季節としての春の情景である。ようやく巡りきた春を迎えて樹々は青々と芽吹き、花々は爛漫と咲き乱れ、獣たちも愛を楽しみ、小鳥たちも春のよろこびを歌っている。その中にあって、おそらくは許されぬ恋の悩みを胸に抱いて思い悩む女性の姿が、甘美な悲哀をこめて美しく詠い上げられている。作者はあるいは恋することを許されない尼僧かとも思われるが、これは想像の域を出ない。けだし傑作であって、小さく可憐な花ながら、妖しいまでの美しさに耀いていると言ってよい。

六連《スタンザ》から成る原詩は本来楽曲に乗せて詠われた歌謡であって、強弱アクセントを用い、押韻している。その始め部分のみ掲げると、

Levis exsurgit zephilus, (a) 春風はそよぎ立ち
Et sol procedit tepidus. (a) 日の歩み温《ぬく》みゆく
Iam terra sinus aperit, (b) 靄々の気はひらけ
Dulcore suo difluit. (b) 野に山に漲るを

という風に(a)(a)(b)(b)と二行ずつ韻を踏んでおり、全体が軽快流麗なしらべで流れてゆく。

この詩は恋の哀しみをあからさまに表出した作ではなく、万物がよみがえり、愛のよろこびに浸っている中にあって、春とともに胸に湧き上がってくる恋情を抑え、ひとり愁いに沈む乙女の嘆きが、これを詠む者の胸にじんわりと浸み通ってくるような趣がある。なにより印象的なのは最後の連であるが、

［逐語訳］

Tu saltim ,veris gratia,
Exaudi et considera,
Frondes, flores et gramina,
nam mea languet anima.

君よ、せめて春ならば
聞き届けよ、して思い測れ、
樹々の葉よ、花々よ、草木よ
わが心は思いしなえているのだから。

という詩句の連なりを、

汝《なれ》やなほ春ならば
　聴きわけて量りてよ

花や葉や草も木も
　思ひ悩む我が心ゆゑ。

と訳してのけた呉氏の技量にも舌を巻かざるをえない。呉訳はわたしが読んだどの英訳、仏訳、伊訳、独訳よりもすぐれた出来栄えだと思う。中世ラテン詩などというものは、わが国では知られることも読まれることも最も少ない文学だと思われるが、そんな状況下でも呉氏のような学匠詩人がいて、われわれ後人のためにこうしたみごとな訳詩を遺してくれたことに感謝せざるをえない。だが今この国で、ヨーロッパ中世が生んだこの可憐で小さな花の存在を知り、それを愛でる人は果たしてどれくらいいるのだろうか。

ダンテ嫌い

ダンテという詩人が嫌いである。この詩人がまだ半ば中世人であるがイタリア・ルネッサンス最大の詩人であり、当時のヨーロッパで最高の知性の一人であることは承知しているが、どうしても好きになれず、ずっと反発を感じてきた。とはいえ決して無関心だったというわけではなく、むしろできるかぎり努力してその作品を読むように努めてはきた。大昔その読みづらさに閉口しながらも山川丙三郎訳で『神曲』を読んだのを手始めに、何種類もの邦訳を読んだし、原詩も懇切な注を付したサペーニョ編のテクストで「地獄篇」だけはなんとか通読した（エリオットが『神曲』はある意味ではきわめて読みやすい」と言っているように、単にことばのレベルで言えば、フランス文学の場合、一三世紀・一四世紀の文学は中世フランス語を文法から学ばないと読めないが、ダンテは注釈があれば、現代イタリア語の知識でもどうにか読める）。その昔東北大学在任中に、田中英道氏、森谷宇一氏などと、ザリオさんというイタリア人教師を迎えて『神曲』の原典での読書会をやったが、これは地獄を抜け出る前に消滅してしまった。

「煉獄篇」と「天国篇」は原詩で読み通すだけの忍耐力がなく、魯迅が固く戒めた「適読」つまりはつまみ食いに終わった。ダンテの文学の真髄を知るには我慢が足りなかったのである。本当におもしろいと思ったのは「地獄篇」だけであって、「煉獄篇」はまだよかったが、「天国篇」なぞは死ぬほど退屈であった。

『神曲』という作品には容易に参入しがたい大きな抵抗を感じずにはいられなかったが、さすがに「地獄篇」だけは、その壮大な構想力をはじめ、そこにうごめく亡者たちの地上での所行悪行と、その報いとしての地獄での劫罰の諸相を語り描くダンテの視覚性豊かな造形力と筆致はすばらしく力に満ちている。これぱかりはダンテ嫌いのわたしとしても讃嘆の声を放たざるをえなかった。西洋古典を学ぶ者としては、トロイア戦争の因をなしたヘレネの地獄堕ちは当然ながら、古代の英雄イアソンやアキレウス、オデュッセウス、それに予言者テイレシアス、アンフィアラオスなどまでが、ダンテの手によって地獄に突き落とされているのは意外だったが、イアソンやカパネウスが地獄の責め苦に逢ってもなお傲然とふるまっているさまに描かれていて、興味深かった。またダンテがオデュッセウスを、欺瞞の罪で地獄に堕ちているとはいえ、トロイアからの帰国の途上、「世界を知り、人間の悪徳と価値を知りたい」という情熱に駆られて，敢然と大西洋に乗り出した勇敢な男として描いているのは、やはりそこにルネッサンスという時代の息吹を感じさせるものだとの感が深かった。

ダンテは政治家でもあって、「地獄篇」は、フィレンツェ内部での党派同士の争い、権力闘争に巻き込まれて不当な裁きを受けて故国を追われ、苦難に満ちた流浪の後半生を送ったダンテの文学的復讐譚という趣もあり、ダンテならではの精彩に富み迫力ある悪行とその劫罰の描写によって、一読して読者をその世界に引き込む力を秘めている。そこにはフィレンツェを、またイタリア全体を不幸に陥れたさまざまなダンテの同時代人が登場するが、その者たちが地獄で受けている呵責と責め苦を描くダンテの筆鋒は容赦なく、すさまじいまでの迫力にみちており圧巻である。宿敵となった悪辣な法皇ボニファチオ八世の劫罰の様などを執拗なまでに描くダンテの筆は躍動し、その筆先に悪魔が乗っているかのようで、実に生き生きとしていて読む者の心をとらえて放さない。

多くの人々が指摘しているように、とりわけ強烈な印象を残したのは、「地獄篇」の最後に近い部分を飾る第三十三歌で物語られている、ピサの大司教ルッジェーリに謀られて、子や孫ともども塔に幽閉されて餓死させられたウゴリーノ伯の凄惨な最期である。地獄に呻吟する古今の亡者たちの中にダンテの政敵が何人も姿を見せていることからしても、故国フィレンツェを追われ苦難のうちに流浪の後半生を送ったダンテの怨念と復讐心が強くそこにはたらいていることは明らかだ。敬虔なカトリック信者として、キリスト教を汚した聖職者や異端者に対してダンテが地獄で下した業罰は過酷を極めるが、おもしろくはあっても、それがキリスト教とは無縁なわれわれ日本人読者の共感を呼んだり訴えたりするところは少ないだろう。

そんななかで、道ならぬ恋に落ちて兄に殺されたパオロとフランチェスカの悲恋の物語は、「地獄篇」の中に咲く美しい花であって、読者の心に甘美なる悲哀の感情を引き起こさずにはおかない。ここに「愛を知る詩人」としてのダンテの片鱗が窺われると言ってよい。尤も、ダンテが師と仰いで深く尊敬していたブルネット・ラティーニまでを（男色の罪で）地獄に突き落とし、「おやブルネット先生、こんなところにおいででしたか」などととぼけているのは、おかしくもあり不可解でもあった。

いずれにせよ地獄遍歴の客人ダンテが入念に構築した多層をなす地獄の圏内で、実にさまざまな古今の亡者たちが繰り広げるページェントは壮絶にして壮烈で、悪の亡霊たちが躍動しており、それが読者を魅了するのだと言ってよい。世に「地獄絵図」

などと言うが、文学作品として書かれたものではないから仕方がないのだろうが、源信が『往生要集』で縷々物語った地獄の様相、亡者たちを苦しめるさまざまな苦患《くげん》などは、これに比べたら立体感と躍動を欠き、迫力に乏しい。そこに諸悪をはたらいて今は亡者となった個々の人間が描かれていないからである。

詩人にせよ作家にせよ、総じて文学者が悪の世界を描くときにはその筆は躍動し輝きを帯びるが、善人だの聖人だのを語った作品は生気と迫力を欠き大方は退屈なものになるものだ。例えば聖者伝である『黄金伝説』などはラテン語が平易なのでラテン語読本としては格好の読み物だが、文学作品としての魅力は乏しい。ドストエフスキーの作品が物語るように、文学の魅力のひとつは人間世界の悪を剔抉し、人間の心に潜む悪意を力を込めて描き出すところにあることは間違いない。李賀の詩はその好例である。悪しき者としての人間を描き告発するダンテの『神曲』は、まさにその典型のように思われる。悪が存在しない「天国篇」がつまらないのはそのせいである。「地獄篇」から「煉獄篇」、「天国篇」へと読み進めるにつれて、わたしを含むキリスト教信仰に縁なき読者は、逆に文学的な意味では天国から退屈地獄へと下ってゆくような心理的体験をするのではなかろうか。

堀田善衛は壽岳文章訳の『神曲』に寄せた解説で、「天国篇」について、

それにしても読者諸氏よ、天上から眺め下ろして、太陽と月とが一対の秤皿のよう

に存している超現実の光景や、一切の場所と一切の時間が集中するかの一点（＝神）などという、時間ではなく永遠が、場所ではなく無辺際が存する瞬間などというものに立ち会うという、かかる奇跡的な経験を単なる読書によって得られるとは、それこそ至福というものではなかろうか。

と言っているが、わたしはその経験を至福と感じなかった怠惰な読者の一人である。「天国篇」で、もはや神的な存在と化したベアトリーチェの口から語られるトマス神学を背景にした神学論議に辟易しない日本人読者はまずいないであろう。ダンテが「天国篇」で繰り広げている堕落と贖罪だの、自由意志と決定論だのといった神学論議は、われわれの理解を超えている。ここで繰り広げられている神学的論議の緻密な形而上学的な思考力、知性は驚くべきものだが、詩的・文学的な魅力には乏しいと感じざるをえなかった。ダンテがその豊富な天文学的知識を駆使して、本来言語をもって描けるはずのない天国という世界を、精密かつ「正確に」描き出したその詩的想像力と幻想性の豊かさは確かに驚嘆すべきもので、源信が『往生要集』で描いている「五妙境界《ごみょうきょうがい》の楽」や「快楽《けらく》無退の楽」にみちた極楽の描写などはこれに比すべくもない。だがここではポエジーは後退し、神学論議と神学的天文学が支配的であるから文学的な魅力に欠けていることは否めない。

わたしにとってダンテを語ることはみずからの挫折を語ることであり、『神曲』とは、ついにその真髄を把握できずに終わった作品である。

原詩も何種類かの注釈付きテクストをそろえ、そのほかシングルトンの英訳、ロニョンの仏訳、チェステのスペイン語訳、それにロジンスキーのロシア語訳、中国語訳まで備えて挑戦したが、結局はその世界に深く入り込むことはできず、ごく皮相な理解にとどまって終わってしまったのは残念なことであった（ちなみにソ連時代からロシアのダンテ研究のレベルはきわめて高く、その研究の蓄積はわが国の比ではない。ゴレシチェフ＝クトゥゾフの記念碑的な大著『ダンテと世界文学（Dante i mirovaja Literatura）』にしても、そのような研究基盤の上に立って生まれたものである。比較文学の分野における貴重な貢献であるこの本は邦訳されるに値するものと思うが、世界文学、ヨーロッパ文学に関する博大な知識を要するこの大著を翻訳するには、最低一〇年ぐらいの時間を費やす覚悟が必要だと思われる）。

ブルクハルトがダンテを、「意識的に不朽の内容を不朽の形式に形成する、完全な意味での初めての芸術家（in vollem Sinne ein Künstler）」として称賛している『新生』も邦訳を片手に原詩を覗いてみたが、あまり心惹かれるところはなかった（日本人の読者でこういう観念的な詩をおもしろいと感じる人はあまりいないだろう。邦訳もおよそ魅力的ではなく通読するには非常な忍耐を要する）。ハリスンというアメリカのダンテ学者の『ベアトリーチェの身体』という研究書を苦痛に耐えつつ邦訳で読んだが、その文学的価値を認識できるまでには至らなかった。ボルヒャルトの「ダンテのための後書き1―『新生』への手引き」にしても同様である。自作カンツォーネの註解である論文『饗宴』に到っては、開巻早々に投げ出してしまった。『神曲』もまだ原詩で通読していないのに、こんな作品まで読んではいられないなどと勝手に決め込んで、結局は読まずに終わってしまった。意外に興味深かったのはラテン語で書かれた『俗語論』である。ペトラルカのそれとは異なり、その優美ならざる詰屈とした半ば中世的なラテン語にもかかわらず、ダンテの言語観を知ることに関心があったのでなんとか通読できたのである（俗語文学を擁護してラテン語に対するイタリア語の優位を説き、また詩のことばとしてイタリア語への信頼を語ったこの作品が、ラテン語で書かれているということ自体が興味深い）。『帝政論』、『水陸論』などは一行たりとも読んだことはない。

ダンテに関する本も、大昔Faber & Faberから出ていたT・S・エリオットの『Dante』という小さな本を読んで以来、日本語で読めるかぎりは内外のダンテ学者たちの著作に眼を通すようにしてきたが、それもダンテが好きだからというわけではなく、ルネッサンス文学を理解するためにも、その程度のことは知っておかねばという一種の強迫観念に駆られてのことであった。翻訳であるにもかかわらず難解でとりつきがたいアウエルバッハの『世俗詩人ダンテ』には圧倒され、『神曲』を読み解くその精緻にして犀利な読みに感嘆し、ダンテという詩人の偉大さを改めて認識させられたが、それでダンテが好きになったわけではなく、敬して遠ざけたい気持ちは変わらなかった。

その結果わたしのダンテ理解はごく皮相なものにとどまり、所詮はダンテの文学とは無縁な一読者に終わったということである。今考えると、『神曲』にしても、もっと気楽に一読者として楽しめばよかったのだが、強いてそれを理解しようと肩肘張って作品に臨んだのが挫折の一因だったかも知れない。

なぜこういうことになったのか、なぜダンテが好きになれないのかと考えてみると、その根底にはキリスト教信仰への無知無理解と反発、と言うよりも反感があったからではないかと思われる（同様にわたしはミルトンなども苦手である。邦訳を傍らにして『失楽園』の原詩も覗いたりしたが、その英語が英語の皮をかぶったラテン語のようなものであるのには驚いた。この詩人の作品でなんとか興味をもって読めたのは牧歌『リュシダス』だけである）。キリスト教信仰なきわれわれ日本人読者が、原罪だの神への反逆と言ったテーマをどこまで理解できるのか、わたしには大いに疑問である。キリスト教信仰を根底にもち、それを主題とするヨーロッパの文学作品を理解することは、われわれ日本人にはそう容易なことではない。

エリオットは「ダンテを読むには一三世紀カトリック教徒の世界に入って行かなければならない」と言っているが、これは難しい。そもそも『神曲』という作品自体が中世ラテン文化、キリスト教思想の集大成といった観があるが、「天国篇」などは、その背後にあるとされるトマス神学だのアヴェロエスの哲学だのは無論のこと、カトリック神学、中世哲学といったものに無知なわたしの理解の及ばぬところが多すぎる。

中世思想を包括的にとらえ、文学の言語をもって言語を超えた壮大な幻想的・神話的世界を構築しているかに思われるのが、『神曲』という作品である。それ全体に教義面での基本構造を与えたという『神学大全』なぞは覗いたこともないし、その神秘主義的色彩はボナヴェントゥーラに由来すると言われても、それも一行たりとも読んだことはない。『神曲』の原詩すら全編通読もしていないのに、その知的背景を知らねばなどと欲張って、平凡社版の『中世思想原典集成』でスコラ哲学を少しばかり覗いてみたが、キリスト教神学に疎い身は、たちまちに跳ね返されてしまった。それに際してトマス・アクィナスの著作の原典などを覗いたりもしたが、その記号のような無味乾燥なラテン語は読むに堪えず、ただちに擲《なげう》ってしまったのは情けない。

わたしのようなまったくの素人、一介の読者はそれでいいとして、そういう方面への関心と造詣（それにはラテン語の知識が必須である）を欠いているとしか思われないダンテ研究家が、気楽にダンテ論などを書いているのを見ると、不思議で仕方がない。ダンテにはラテン語による著作があるばかりか、その教養の中核をなしているのは、と言うよりもその教養のほとんどすべては、ラテン語ラテン文学によって築かれていたと思うからである。『神曲』ひとつをとってみても、そこにウェルギリウスをはじめとするラテン文学がどれほど深く影を落としているかは、改めて言うまでもない。「地獄篇」ひとつとっても、それが『アエネーイス』第六巻を背景にもち、それをモデルとして書かれていることは周知の事実である。ウェルギリウス抜きのダンテ理解などというものは考えられないし、専門家には絶対に許されないことだと思う。

わが国のイタリア・ルネッサンス文学の研究に関して常々不思議というか奇怪だと思うことのひとつは、その方面の研究者たちの中にラテン語の知識をまったく欠いている人たちがいることである。ルネッサンスという文化現象は、半ば以上ラテン語によって支えられたものであるという当たり前のことが、無視されているのは理解に苦しむほかない。それは漢文を知らずに日本思想史を研究するようなものである。新井白石の主要な著作が日本語で書かれているからといって、漢文のものは読む必要がないということにはなるまい。漢籍の知識抜きで、どうしてその研究ができようか。儒者であった白石は、すぐれた漢詩人でもあった。肝腎のダンテにしても、ラテン語でも作品を書いているのである。

実際、ブルクハルトの『イタリア・ルネッサンスの文化』の「古代の復活」の章でつぶさに述べられているように、イタリア・ルネッサンスはラテン語に蔽い尽くされ、それによって浸され彩られていると言ってよい。ルネッサンス切ってのラテン語文学者でもあったペトラルカは言うまでもなく、古典学の祖でもあるポリツィアーノにせよ、ボッカッチョにせよ、ボイアルド、サンナザーロにせよ、みなラテン語の作品を残していることを忘れるべきではない。ピエトロ・ベンボ、ランディーノ、ポンターニをはじめてする人文主義者であるラテン語詩人たちを知らずに済ませることはできないはずである。イタリア・ルネッサンスとは、いやルネッサンスというもの自体が、古典古代の文化の復興を目指したラテン語ルネッサンスでもあった。そこを忘れてもらっては困るのである。俗語による文学作品や歴史書、思想書などは、その半面にすぎない。イタリア語による「清新体」の詩人として出発したとはいえ、ダンテもまたそういうラテン的教養によってその文学を創り上げた詩人の一人である。わが国のルネッサンス文学の研究者たちが、そういう明白な事実に眼をつぶり、イタリア語だけで事足れりとしているとすれば、それは悲惨であり滑稽でさえあると言えよう。

それはともかく、ダンテという詩人がどうしても好きになれず、あのダイナミックで迫力に富み、精彩に富んだ筆致で地獄の様相を活写している『神曲』でさえも、その描写に感嘆しつつもなお反発や反感を覚えたのは、やはりそこに深く浸透しているキリスト教的世界観への違和感があり、その世界には参入できない自分がいたということなのだと思う。辺地粟散の地である東海の島に生まれた稲作の民の一人であり、教養も聖典もない先祖崇拝と自然崇拝のないまざった素朴な宗教をもち、多神教で山や滝を御神体として崇めたり、巨木があればそれに注連縄を張って神として拝んでしまう日本人の一人として、キリスト教の「原罪」という観念をはじめ、「三位一体」だのキリストの受肉だのといった観念を核としている一神教には、なんとしてもなじみがたいものを感じてしまうのである。自分ではそれと意識していなくとも、そういった日本人の心性や宗教的感覚はこの二十一世紀に生きるわれわれの体内に深く沁みついていると思う。それがキリスト教への接近や信仰の妨げとなっていることは否めない。ましてやオリゲネスをはじめとする教父たちが、ギリシア哲学を背景にして営々と築き上げた壮大な神学大系などには、わたしを含むほとんどの日本人は恐れをなして近寄りがたい。ダンテの『神曲』という作品が、そういう中世の神学大系を背景にして書かれていることを知ったときに、この作品は自分には理解しがたいものであると観念したのであった。

アベラールとエロイーズの往復書簡を翻訳したり、エラスムスについての本を書くために、やむなくキリスト教学の勉強も多少はしたが、それによって何ほどかの知識は得たものの、キリスト教の神髄にふれそれを深く把握したとは到底言えない。反復して読んだギリシア語の『新約聖書』も、ウルガタ訳聖書も、明治文学最大の傑作といわれる文語訳聖書も、文学としては大変興味深かったが、それによって信仰心が芽生えることはなかった。旧約聖書に至っては、ユダヤ民族の強烈な選民意識と一神教の不寛容さが鼻につき、反感を覚えたことも一再ではなかった（ただしその中の「伝道の書」は味わい深く、まったく非宗教的な「ソロモンの雅歌（Canticum Canticorum）」は詩文学としてすばらしい作品だと思うし、そのウルガタ訳はわたしの愛唱するところとなっている）。キリスト教にせよ、ユダヤ教にせよ、イスラム教にせよ、他の宗教の存在を認めようとしない一神教の不寛容と独善性は、わたしにはなんとしても耐えがたい。

ヨーロッパ文化を理解するためにはキリスト教を知ることは不可欠だが、キリスト教という宗教は、その教義や歴史を知れば知るほど反感が募るのを抑えがたかったというのが本当のところだ。エラスムスの言った「キリスト教会は血潮の上に築かれている」といったことばはいかにも真実だとの感は深まるばかりであった。アウグスティヌスの『告白』を読み、その信仰心の深さに感動し、そこに到る内心の葛藤を興味深く思ったが、それに導かれてキリスト教信仰に近づくようなこともなかった。

ダンテの場合も、あの「天国篇」なぞは、トマス神学をはじめとする中世カトリック神学、中世哲学の深い知識なくしてはまともに理解できるとは思えないが、わが国のダンテ研究家はその辺をどう考えているのだろうか。その方面の知識、造詣を欠いていたのでは、そのダンテ論は所詮はイタリアをはじめとする海彼のダンテ研究者の所説をなぞって受け売りするか、あるいは印象批評を綴ることに終わりはしないか(ただし、『神曲』にしても、日本人には日本人なりの読み方がある、と居直って、あるいは割り切って考えれば別である)。『神曲』はカトリック神学や中世哲学を背景とし、それに裏打ちされた宗教性の強い文学なので、わたしの場合はそれへの無知と反感からダンテを嫌う心が生じ、結局はダンテの文学とは縁なき、一介の怠惰な読者に終わるほかなかったのである。自分の狭い文学観を一般化することはできないが、総じてヨーロッパの文学で宗教色の濃い作品は、われわれ日本人にとってそれを深く理解し、その真価を把握することは困難だとの印象をもっている。昔ドストエフスキーに読み耽っていた頃、この作家があれほど苦しんだ神の問題に苦しむことのない日本人の読者が、その作品をどれほど本当に理解できるのか疑問に思ったものだ。ロートレアモンの『マルドロールの歌』が神への反逆をテーマとした詩だと説かれても、一向にピンとこないのも、同様の理由によると言ってよい。

ヨーロッパが生んだ最大の詩人の一人であるダンテの真価が理解できず、この大詩人とは縁なき読者に終わったことは無念だが、これもわたしがキリスト教信仰を作品の中枢に据えた文学への参入が困難な、東海の列島に生まれた日本人の一人であることによるものと諦めている。確かニーチェはキリスト教信仰に汚染されたヨーロッパ人は、ギリシア文化を正しく理解することはできない、という意味のことを言っていたと記憶するが、だとすれば、わたしが一応専門ということにしていたギリシア文学がキリスト教以前の異教世界の産物で、キリスト教信仰に汚染される以前のものであることは幸いであった。

ペトラルカについて

正直に言うと、わたしは長いことペトラルカの詩の熱心な読者ではなかった。この詩人は、イタリア語の学力不足のためにその詩の真髄や美しさを十分に把握できないままに一時期それを読み、衰老の時至って横文字の文学との縁を断つと同時に、記憶の彼方へ消えていった詩人の一人である。ペトラルカの作品で初めて読んだのは詩ではなく、筑摩書房版「世界文学大系」の『ルネッサンス文学集』に収められていた渡辺友市訳『わが心の秘めたる戦いについて』であった（ラテン語で書かれたこの作品は、後に近藤恒一氏によっても翻訳され、岩波文庫で出た。原語のタイトルは『De secreto cinflictu curarum mearum』である）。読んだのはもう半世紀以上昔のことである。その後一九七〇年にウィルキンス『ペトラルカの生涯』が渡辺氏の訳で出たのでそれも読み、ペトラルカがいかなる詩人かおおよそのことを知ったが、その詩を読むには至らなかったし原詩で読むほどの力もなかった。四十代の中頃ペトラルキスムの影響下に愛の詩を書いたリヨン派の詩人ルイーズ・ラベに熱中したことがあったが、その関係で今度こそペトラルカを読まねばと思いつつも、その詩にはなかなか手が出なかった。その後イタリアにしばらく滞在していたので、帰国したら読もうとペトラルカ関係の本を何冊か買い込んだが、『カンツォニエーレ』を少しばかり覗いてこれは難物とわかり、しばらくは敬遠していたのである。

それが、今から三十年ほど前（一九九二年）に池田廉氏の『カンツォニエーレ』の全訳が出たので、この大変な労作に刺激されてようやく重い腰を上げ、同氏の訳とピエール・ブランの仏訳、A・P・ペレスのスペイン語訳、ダーリングの英訳を傍らにその援けをも借りてペトラルカの代表作とされるこの詩集に挑んだが、「典雅にして平明」と言われても、全三六六編のうちには難解な詩もあればさしておもしろからぬ詩もあり、結局原詩で読んだのはその半分ほどでしかなかった。つい先頃のような気がするが、思えばこの詩集を読んだのも、もう三〇年も昔のことになる。

大方が熱烈な愛の讃歌であり、詩人が詩的想像力のなかで創り上げた美徳の化身であるラウラ讃歌がそのほとんどを占めているこの詩集は、ラウラ讃美のテーマが一編ずつさまざまなヴァリエーションの形でフーガのように連なっていて、同じ緊張感をもってそれらの詩編を追ってゆくのにはかなりの忍耐力を要した。内容に多様性を欠き、似たような詩が何十編も続くと、忍耐力に乏しいわたしのような読者は、それに辟易食傷してしまうのである。そんな時は和泉式部、式子内親王の恋の歌や、李商隠の無題詩つまりは恋愛詩が、あるいはメレアグロスの愛のエピグラムが、短詩形文学だったり簡潔だったりしてよかったなどと思ってしまったものだ。ダンテのベアトリーチェもそうだが、肉体を欠き、性愛の対象としての要素をまったくもたない非地上的な「永遠の恋人」へのこのような高揚した鑽仰と、われわれ現代の日本人の愛の感覚との間には相当大きな疎隔があり、詩人の詠う世界に参入してそのラウラ讃美に和することは容易ではない。われわれ日本人の恋の感覚はむしろギリシア人やローマ人のそれに近く、万葉の恋歌は言うまでもなく、王朝和歌の恋歌にしても、その根底には性愛を秘めている。小野小町、和泉式部、相模、伊勢といった恋に名高い女性歌人たちの歌を思い浮かべれば、このことは納得できよう。ダンテによるほとんど聖女化されたベアトリーチェ鑽仰や、精神的な愛の対象で肉体の感覚が希薄なペトラルカの「久遠の女性」ラウラ讃美は、われわれ日本人には非常に抵抗が大きく、共感をもってそれに和することは難しいのではないかと思う。

いずれにせよ忍耐力の不足とイタリア語の学力不足のために、残念ながらこの詩集に深く魅了されることはなかった。わたしのような怠惰な読者と一緒くたにしては申し訳ないが、大方の日本人読者にとっては、たとえ翻訳によってでも『カンツォニエーレ』を通読することはかなりの難行ではないかと思われる。ほとんどの読者は似たような内容の詩の連なりにうんざりし、へたばってしまうのではなかろうか。ルネッサンスのイタリア語の詩は、われわれ日本人読者にとってはいずれも相当に抵抗が大きく、難物である。それは単なることばの問題ではない。

とはいえ、高度に完成され、洗練されたこの抒情詩集の中に心惹かれて記憶に残った詩が何編か無かったわけではない。三〇年も前に不熱心な読者として、やっと一度通読しただけで、何度も繰り返し読んだわけではないから、ほとんどの詩はもう忘れてしまったし、全三六六編の中からこれという一編を抽出するのは困難だが、強く印象に残ったのは次のような詩である。ペトラルカが老いたラウラの姿を想像し、若き日に告白できなかった恋心を、その折ならば打ち明ける勇気も出ようと詠った詩である。そんな詩に心惹かれたのは、この詩集を読んだ頃にはわたしがすでに老境に入りつつあり、若き日に憧れたが実らなかったひそかな恋の対象である女性を脳裏に浮かべて、それを読んだからであろう。ペトラルカの詩を訳したことはないが、ここで拙訳を試み、掲げてみよう。イタリア語も大分忘れたので訳にまったく自信はないが。

ソネット十二番

わたしの人生がその苛酷な苦しみと数々の苦悩から
からくもその存在を護りぬき、
生涯の果ての労苦の甲斐あって、
貴婦人よ、おんみの瞳から輝きが消え失せ、

黄金なす髪もついに銀灰色《はいいろ》となり、
花環も緑の衣裳も打ち捨てられて、
おずおずと嘆きの言葉洩らすのを怖れさせた、
その花の顔《かんばせ》も色あせてしまったとき、

その折こそ愛神《アモル》はわが心に勇気を与え、
わが殉教《くるしみ》の所行をおんみに打ち明けさせるだろう、
その歳月が、日々が、刻々と過ぎた時が、いかなるものだったかを。

移りゆく時が美しい願いに逆らおうとも、
せめてもわが悲嘆《かなしみ》の救いとならぬでもないものを、
遅きに過ぎたあなたのもらすため息が。

実はロンサールにもこの詩を想起させる詩があるのだが、それは内容形式ともにロンサールによるソネットの最高傑作とされている絶唱である。この詩も翻訳してみたい誘惑に駆られるが、これには井上究一郎氏の名訳があり、それを超える訳詩は到底できそうにもないので、それを借りて引く。

エレーヌへのソネット

老いはてて、ゆうべ、ともしびのかげ、
炉べにすわりて、繰りつ、紡ぎつ、
わが詩をうたい、愕然と汝《なれ》は言わん、
「過ぎし日の　美しき吾《あ》を讃えしはロンサール」

かかるとき、はや疲れたる、重き瞼の、
うつらうつらにききとめて、ロンサールの
ひびきを耳に、まなこさめ、朽ちぬほまれの
汝《なれ》の名を讃えざる　はしためありや。

われすでに　みまかりて　骨もなき亡霊となり、
天人花《ミルテ》のかげ、土深くやすらわん、
汝《なれ》は炉の辺《へ》に　くぐまる老婆、

わが愛と　汝《な》が驕慢をくやみつつ。
生きよ、われを信じたまわば、あすをたのむな、
今日よりぞ摘め、いのちのばら。

ロンサールが死んだ後、老婆となったエレーヌが、かつては美しかった自分を讃え、その名を高めた詩人をなつかしみ想い出すという詩であるから、ペトラルカの詩とは内容は異なるが、若き日に自分の恋を容れようとしなかった美しい女性の老いた姿を

想像して詠ったという点で似たところがあることは事実だ。右の詩を書いたとき、ロンサールの脳裏にはペトラルカの上記の詩があったのではないかという気もするが、それはわたしの推測でしかない。当時のヨーロッパ詩の世界でペトラルキスムが大流行していたことを考えれば、この推測もそう荒唐無稽とは思えないのだが。

さてペトラルカに戻ると、今度は二〇〇四年に長編詩『凱旋』がやはり池田氏の訳で世に出たので、その訳に援けられてこればかりはなんとか原詩で通読した。古代世界への熱烈な憧憬から生まれたかに思われるこの長編物語詩は、神話中の人物たち、ギリシア・ローマ、中世の歴史上の人物たち、ギリシア・ローマ文学や、旧約聖書、さらには中世文学の主人公や作者たちが次々と登場する作品なので、わたしとしてはこちらの方をむしろ興味深く熱心に読んだ。とりわけ興味深かったのは、「古代世界の人物カタログ」的な性格をもつこの詩で、ペトラルカが古代から中世に到るヨーロッパの数々の名高い人物たちに関する幅広い知見のほどを繰り広げていることであった。そこにはオルフェウス、ホメロスをはじめとするギリシアの詩人たちも登場するが、ペトラルカはギリシア語には通じていなかったし、当時はギリシア古典のテクストはまだ流布しておらず、そのラテン語訳も乏しかったから、この詩人のギリシア古典に関する知識はほとんどすべてラテン文学から得たものであろう。それに加えて、ダンテと同じくペトラルカがトルゥバドゥールの詩に精通していたことが窺われて、これも興味深かった。「名声の凱旋」第三歌のように、プラトン、アリストテレスをはじめとするギリシア・ローマの名高い哲学者、歴史家、弁論家の名がずらずらと連なっている詩となると、作者が古代の哲学に関する博大な知識を披歴していることは理解できたが、詩的な味わいには欠けていると思わざるをえなかった。「ここには、作者の道徳的・宗教的な人生観が縮約された形で語り尽くされている」（池田廉氏）と説かれるこの詩だが、アレゴリーを用いた愛と貞潔の壮絶な闘いといったようなテーマは、現代の読者に訴えるところは少ないであろう。抒情性には乏しい、哲学的、知的な詩だというのが読後の印象であった。浅薄な読み方だが、わたしとしては、この作品にルネッサンスにおける最高の知識人、古代世界に精通した人文学者としてのペトラルカが、その相貌を見せていることが最も興味深かった。

積年のペトラルカ研究の成果を傾注した池田氏の翻訳は精確でみごとな出来栄えであり、訳注も充実しており、懇切な解説も簡潔ながら要を得ていて、脱帽のほかなかった。これは古典学者にとっては大変興味深い作品だと思うのだが、わが国の古典学者たちがこれをあまり話題にしないのは不思議である。『カンツォニエーレ』にせよ『凱旋』にせよ、この二つの訳業は敬服するに足る実に立派な仕事で、特筆に価するものだ。さすがに年季を入れた専門家の仕事は違うものだと、感嘆久しうしたことであった。ルネッサンスの詩というようなものは、この国では読む人はあまりいないだろうが、それにもかかわらずルネッサンス文学研究への貴重な貢献として、池田氏の訳業は識者には評価され、読み継がれてゆくべきものだと思う。もっと若い頃にこういうすぐれた訳業に出遭っていたら、それに刺激されてわたしのペトラルカへの関心も理解もより深まっていただろうと思うが、そうならなかったのは残念である。Era troppo tardi.「遅すぎた」のである。

そんな次第でわたしのペトラルカの詩に関する知識は、ここまで述べたところどまりで、その後は今に至るも一向に深まることもないまま終わった。この詩人の詩を深く理解し、その詩的完成度、芸術性を感得するには、本腰を入れてそれと取り組み真摯にそれに向き合うことが求められることは確かである。わたしのようにディレッタント的な安易な態度でそれを読んだ者が、詩人ペトラルカの真髄を把握できなかったのは、当然の報いだと言われても仕方がない。それに老来横文字の文学との縁も切れてしまったので、ペトラルカの詩を語る資格はわたしにはない。ラテン語で書かれた未完の大作叙事詩『アフリカ』も、いつか読まねばと思いつつも、ついにその巻を開くこともないままに本棚に眠ったままである。もう読むことはないであろう。未完の失敗作と酷評されていることが読む気力を削いだこともあり、そんな作品なら読まずともよいと勝手にきめこんでいるうちにいたずらに歳月が流れて、横文字の言語・文学を廃する日がきてしまったからである。

ペトラルカの作品でかつてわたしが好んで読んだのは詩ではなく、優美なラテン語で書かれたその散文作品であった。そこへ導かれたのは、池田廉氏と並んでわが国におけるペトラルカ研究のパイオニアであり権威で、この詩人にして人文学者の詩業・

文業を精力的に紹介し、論じた近藤恒一氏の著訳書によってであった。ラテン語文学者・人文主義者としてのペトラルカに光を当て、その姿をわが国の読者に伝えた氏の功績は多大なものがある。『ペトラルカ研究』、『ペトラルカ―生涯と文学』、『ペトラルカと対話体文学』、『ルネサンス書簡集』、『ペトラルカ＝ボッカッチョ往復書簡』など、この詩人に関する氏の仕事によって多くを教えられ、その作品を読む上での指針を得た。氏の仕事は、ペトラルカのラテン語による作品を読む上での水先案内人《パイロット》の役割を果たしてくれたと言ってよい。近藤氏はわが国におけるこの分野での研究のパイオニアだが、それにつづく研究者の出現が強く望まれる次第だ。現状からするとあまり期待はできないが、ラテン語文学者としてのペトラルカは、今後イタリア文学の専門家たちによってのみならず、ラテン文学研究者たちにも、もっと論じられてよいと思う。総じてルネッサンスのラテン語文学全体が、等閑に付され、未開拓な部分が大きいのは残念である。この欠落は今後の研究者たちによって埋められねばならない。

　何十年ぶりかで読み、すっかりその内容を忘れていた『わが心の秘めたる戦いについて』も、改めて原文で読むと味わい深かったが、アウグスティヌスとの対話という形で綴られた自己分析の書であるこの作品が、地上的美徳を体現しているラウラへの愛に囚われ、神への愛にすべてを振り向けることのできないペトラルカの内心の葛藤をも表白したものであることにその時ようやく気が付いたが、いささか遅きに失した。それにより『カンツォニエーレ』の理解が深まることもなく、読み返すこともなかったからだ。哲学的な内容をもつ『無知について』も興味深く読んだが、『孤独な生活について』は難解で閉口した。この作品はよくわからなかった。

とりわけわたしが好んだのは、その書簡集である。『韻文書簡集』も『親近書簡集』も読んでいて楽しく、詩人・人文主義者としてのこの人物の奥ゆかしい人物像が浮かび上がってくるようで、必ずしもやさしくはないそのラテン語もさして気にはならなかった。書簡によって知ったペトラルカは、老境に入った頃のわたしには、慕わしくまた老愁に悩まされる日々を慰める友というより師父のように思われたものだ。峻厳かつ陰気なオヤジで近寄りがたい印象のあるダンテとは、そこが異なるところだ。

ペトラルカの数多くの書簡のなかには、ホメロスやキケロ、セネカ、クインティリアーヌスなどに宛てて書いた架空の書簡などもあり、ボッカッチョとの往復書簡はこの二人の文豪の固い友情を物語っているだけでなく、当時のイタリアにおける人文主義者による古典復興の状況をも伝えていて興味深かった。

ペトラルカが失われた古典の「熱烈な探索者」として、異常なまでの情熱を傾けてキケロの写本の発見蒐集に努めたことを語る書簡は、感動的であった。ヴェローナの寺院でアッティクス宛の書簡集を発見した彼の功績は大きい。「人文主義の父」ペトラルカやその盟友ボッカッチョの古典蒐集の努力なくしては、古典古代の文学的遺産は十分には受け継がれなかったであろう。書店で金を払えば容易にギリシア・ローマの古典を入手できる現代のわれわれとは、古典と向き合うすさまじいまでの情熱と姿勢からして違うのである。古典への真摯な態度とそこにそそぐ情熱という点で、今日の古典学徒たちはいささか反省を要するとは言えそうである。ルネッサンスにおける古典学研究の歴史は、わが国の古典学者たちによってもっと研究されねばならない分野だと思うのだが、いささか等閑に付されているのではなかろうか。ついでに言えば、ボッカッチョにラテン語で書かれた『異教の神々の系譜』という大著があって、それを読んでみると、ギリシアの神々について、独自の、というよりもしばしば荒唐無稽な神話解釈が褁説されていて、半ば呆れつつもこれはおもしろく読めた。怪しげな解釈に満ちたこういう途方もない著作が、ヨーロッパで長らくギリシア・ローマ神話として人気を博し広く読まれ通用していたこと自体が、文化史的には興味深い現象である。今日こんな作品を読むほどの閑人はあまりいないであろう。

いずれにせよ、わたしの場合は、ペトラルカの文学とりわけその詩に関しては、理解もごく皮相なままにとどまり、それをもってこの詩人との付き合いは終わった。しばしの間接近を試みたが、『カンツォニエーレ』のような詩的結晶度の高い作品に、ディレッタント的な安易な態度で臨んだために、その詩的世界に参入するにはほど遠かったのである。それでもヨーロッパの古典詩を学んだ者として、この偉大な詩人を多少なりとも知ったことは必ずしも無駄ではなく、それなりに意味をもったと思っている。

ポリツィアーノのギリシア語によるエピグラム

イタリア・ルネッサンス学匠詩人アンジェロ・ポリツィアーノは、わが国ではほとんど知られざる詩人の一人だと言っても誇張ではなかろう。オペラに関心がある人ならば、モンテヴェルデイがその後のヨーロッパのオペラの源流となった『オルフェオ』を書いたのは、ポリツィアーノの牧歌的音楽劇『オルフェオの物語』に想を得てのことだということぐらいは聞き知っているかもしれない。

かく言うわたし自身も、長いことこの詩人をルネッサンスにおける古典学の祖の一人ポリティアーヌスとしてか知らなかった。プファイファーの『History of Classical Scholarship from 1300 to 1850』によって、古典学者としてのその業績の大要は知っていたが、この人物がイタリアにおける古典文学復興に寄与するところが大きかったということ以外には知らず、彼がイタリア・ルネッサンスの傑出した詩人であり、有力なネオ・ラテン詩人の一人であったとデ・サンクティスの文学史などに書かれてはいても、実際にその作品にふれたことはなかった。後にこの詩人のイタリア語の詩「ジュリアーノ・デ・メディチ殿の馬上槍試合に捧げるスタンツェ」を村松真理子氏の訳で読み、初めてその詩作品に接したのであった。ほかにはこの詩人の作品の邦訳はなかったように思う。その折自分の本棚に、イタリアで買ったポリツィアーノの詩集があることに初めて気づいた程度の関心しかなかったのである。それが何の因果か後年古稀を越えてからこの詩人に関わることとなり、ルネッサンスのラテン語詩の傑作と評され、ポリツィアーノの代表作であるラテン語の長詩『シルウァエ』を翻訳する羽目になろうとは思いもよらぬことであった。

古典学者としてのポリツィアーノの学力、学殖は大変なもので、一〇歳にしてギリシア語を学び、一五歳にして『イリアス』の第二巻を六脚韻《ヘクサメトロス》を用いたみごとなラテン語に翻訳するという卓抜した学才を示し、その翌年には第三巻から第五巻までを翻訳していている。そのギリシア語の学力は、滅亡したビザンティン帝国からイタリアに亡命しフィレンツェ大学でギリシア語を講じていた、彼の師であるアルギュロプーロス、その後任のカリストスなど一流のギリシア人学者たちのそれに劣らなかったという。最初彼の庇護者であったロレンツォ・ディ・メディチ家の家庭教師をつとめ、後にフィレンツェ大学の詩学・修辞学教授に任ぜられ、そこでホメロス、ヘシオドス、テオクリトスなどを、またウェルギリウスをはじめとするローマの詩人たちの作品を講じた。ギリシア古典の写本を綿密に研究し、その校訂に努めた功績は大きいとされている。彼の古典文学研究はラテン語で書かれた浩瀚な『雑纂（Miscellanea）』に収められているが、わたしはそれは読んでいない。偶々入手できたラテン詩人（ウェルギリウス、オウィディウス、ペルシウス、スタティウス）の作品の註解書だけ見ても、五〇〇頁、七〇〇頁を超える大著もあって、それらをラテン語で通読することは不可能に近い。それをやり遂げるにはもう一度生き直し、かなりの時日を費やさねばなるまいが、そんなことは頽齢の老骨には到底無理である。

さてわたしが某大学出版会の企画によるルネッサンス・ラテン古典叢書の一冊として『シルウァエ』の翻訳を委嘱されたのは一〇年近く前のことである。この詩人の詩については知るところがなかったので辞退したかったのだが、あいにくその前にエラスムスに関する著訳書を世に送っていたので、今さらルネッサンスのラテン語文学は知りませんという言い訳も成り立ちがたく、不安を抱えたままその任にあらずと知りながら、やむなく翻訳を引き受けたのであった。そのためポリツィアーノについても一から勉強せねばならず、まったくの手探りでその作品や研究書を読み、併せてこの詩人にして古典学者の遺したラテン語で書かれた膨大な古典研究の本も多少は覗かねばならず、これには辟易させられた。傑作とされている問題の『シルウァエ』だが、これはギリシア・ローマの詩についての詩つまりは「メタポエジア」であって、「ウェルギリウス頌」、「ホメロス頌」、「詩の起源と古代からルネッサンスまでの詩の歴史」といった内容の作品であり、きわめて難解で訳出は困難をきわめた。詩としての完成度は高いのだろうが、文学を題材とした文学であり、知的産物、学識の産物という性格の濃い作品なので、読んでもさしておもしろいものではない。古典学者でもなければ、ヨーロッパ文学の専門家でも通読する人がいるとは思えないたぐいの詩なのである。この作品が当時のヨーロッパでかなりの反響を呼び、いくつかの国でさまざまな翻訳や註解が出たということが不思議なくらいである。

呻吟しつつ悪戦苦闘し、苦心惨憺して何とか訳了はしたが、われながらその出来栄えは悪く、作品の性格上やむなく膨大な注を付したが、こういう詩を邦訳で読む読者は、古典学者を含めてこの国ではまずいないだろうと思う気持ちが先立って、ずっと憂鬱であった。自分がよく知りもしない詩人の作品の翻訳を引き受けた愚かさを痛感させられたものである。ずさんな翻訳の出来が意に満たないこともあって、作者に申し訳ないという思いが消えなかったので、訳稿を捨てたい思いに駆られたことも一再ならずあり、それがわたしを苦しめた。本にはならないだろうという予感もあった。

果たして悪い予感は的中し、ルネッサンス古典叢書の企画は潰えて訳稿は何年か棚ざらしとなり上梓の見込みはなかった。訳稿は捨てるつもりであったが畏友にして大碩学の上村忠男氏がこれを惜しみ、氏の斡旋により幸運にも月曜社の小林浩氏が訳稿を拾ってくださったので、訳成ってから実に八年後の今年（二〇二三年）、拙訳はようやく陽の目を見て同社から少部数が刊行された。小林氏にはただただ感謝のほかない。訳稿の廃棄を覚悟した翻訳が世に出たのはありがたいが、老来記憶力が極度に落ちたので、どんな内容の詩だったかも忘れかけていたし、訳し悩んだ苦い記憶もあり、なんだか自分のやった仕事のような気がしないのは困ったものである（この国にはそんな読者はいないかもしれないが、偶々奇特な人物がいて、忍耐強くこの不出来な翻訳を読んでくださるとうれしい。せめてわが国のルネッサンス文学・文化研究者たちの資料のひとつにでもなれば、訳者としては以て瞑すべしである。ルネッサンスのラテン語詩についての概観と、ポリツィアーノの小伝と作品解説には力を入れたつもりだが、所詮はこれも読まれることなく「空振り」に終わるであろう）。

それはともあれ、翻訳のためとはいえ古稀を過ぎてから思わぬ形で大勉強をさせられたおかげで、予想外の収穫もあった。それはイタリア・ルネッサンスを彩る詩人の一人としてのポリツィアーノを知ったことである。結果として『シルウァエ』以外のラテン語詩やイタリア語の詩をも読むこととなったばかりでなく、他の詩人たちのルネッサンス・ラテン詩を読むことにもなり、併せて当時のイタリアにおける古典研究の状況、その成果などにも多少は通じることができたのはよかったと思うのである。『オルフェオの物語』を読んだことも、後に『オルフェウス変幻―ヨーロッパ文学にみる変容と変遷』を書く上で役に立ったから、遅蒔きの勉強がまったく無駄に終わったというわけではない。

思いがけない収穫だったのは、ポリツィアーノにラテン語のエピグラムのほかにギリシア語で書いたエピグラムがあるのを知ったことであった。ギリシア人以外のヨーロッパの古典学者や詩人で、ラテン語で詩作した人は枚挙にいとまがないほどいるが、ギリシア語で詩作した人となると、さすがに少ないようである。今さしあたり思い浮かぶのは、ジャン＝アントワーヌ・ド・バイフがルイーズ・ラベを讃えて作ったとされる頌詩ぐらいなもので、それ以外のギリシア語の詩を眼にしたことはない。ギリシア語で詩作するにはギリシア人に劣らぬギリシア語の能力と詩才とを合わせもつことが必須であり、そういう条件を備えた人物はそうそういたものとは思えない。ポリツィアーノはそれをやすやすとやってのけた古典学者にして詩人なのである。となると、かつて『ギリシア詞華集』全一五巻を翻訳したことのあるわたしとしては、無関心ではいられなかった。幸いF・ポンターニという古典学者（これは『ギリシア詞華集』をイタリア語に全訳した人物である）が編んだ『Angeli Politiani Liber Epigrammatum Graecorum』という本が入手できたので、ポリツィアーノのギリシア語によるエピグラム全五七編（ほかに別人の作一編を含む）を読むことができた。ポンターニのこの書は厳密に学問的な著作で、一二〇頁を超える長大な序論につづいて、ギリシア語のテクスト、イタリア語訳、詳細にして精緻な注から成っている。それによってこの詩人のエピグラムを細かに鑑賞することができたのはありがたかった。

さて当のエピグラムだが、ポリツィアーノにギリシア・エピグラムの手ほどきをしたのは上記のギリシア人亡命学者カリストスであって、まだ一〇代だった詩人は、師がイタリアの地にもたらしたプラヌーデース編の『ギリシア詞華集』（『プラヌーデース詞華集』）から四〇〇編ほどを筆写してそれを学んでいる（イタリアで『ギリシア詞華集』が刊行されたのはポリツィアーノが没した一四九四年のことである）。ギリシア語によるエピグラムに手を染めたのはやはりまだ一〇代の頃で、一九歳の折にはフィレンツェを去った師アルギュロプーロスにドーリス方言によるエピグラム二編を献じているから、そこからも早熟非凡の才が窺われようというものだ。その後もギリシア語によるエピグラムを折にふれ書き続け、死の前年とその前の年には三〇編もの作品を生んでいる。詩人がそれをいずれ一書にまとめて上梓するつもりであったことは、A・ウルチェオ宛の書簡から知られる。それによれば、詩人は友人たちから「ラテン人である自分が、長きにわたって眠りに就いていたギリシアの詩女神を目覚めさせることになれば、ラテン人の栄光になるばかりか、この時代の栄光にもなる」という励ましを受けて、これを世に問う意図を固めたらしい（実際にはポリツィアーノに先立ってギリシア語で詩作したF・フィエルフォのような人物はいた。青年時代にコンスタンティノープルに滞在し、帰国後にミラノをはじめ各地でギリシア語を教えたフィエルフォはエレゲイア詩形とサッフォー風スタンザを交えたギリシア語の詩『冥府よりの招魂（Psychagogia）』を書いたが、これは言語的にも不完全で、いたずらに修辞的で内容空疎、読むに堪えない出来栄えだったとポンターニは述べている。作者自身もそれを認めていたという）。だがこの企ては詩人が一四九四年に四〇歳で世を去ったために生前には実現せず、遺稿は没後四年経ってから、他の著作とともに、ヴェネツィアのアルド・マヌーツィオの印刷工房から刊行された。

このエピグラム集はひとたび上梓されるやたちまちに熱狂的に喜び迎えられ称賛を得たが、ポリツィアーノの文学上の敵で、アレッサンドラ・スカラをめぐる恋敵でもあったギリシア人学者ラスカリスやバルトロメオ・スカラからの激しい攻撃を受けることにもなった。

五七編に及ぶそのエピグラムの主題は多岐にわたっており、著名な人物の頌詩、恋愛詩、機会詩、牧歌的な詩、風刺詩、事物描写詩などを含むが、同じ主題の詩が別々にラテン語とギリシア語によるエピグラムとして書かれている例もいくつかあり、ポリツィアーノの卓越した古典語の能力を物語っている。一〇代の頃に書かれた詩は、言語的にはホメロスとヘシオドス、テオクリトスの強い影響の跡が見て取れる。ホメロスの影響がことさらに濃厚なのは、この詩人が当時ホメロスに浸って、『イリアス』をラテン語訳することに力を注いでいたためであろう。だが全体として見ると、最も深く影響を受けたのは詩人が終生関心を抱きつづけた『ギリシア詞華集』であって、晩年（と言ってもまだ三〇代末だったが）に書いた完成度の高いエピグラムは、ホメロス的な色彩は消え、古代ギリシアの詩人たちに比しても遜色のない練達、達者なエピグラム作者としての貌を見せるに至っている。仮にこの時期の彼の作品を逸名の作者による作として『ギリシア詞華集』の中にそっと忍ばせても、誰もそれと気づかないであろう。ギリシアの詩の言語と詩法を完全に自家薬籠中のものとした上で、それに倣って自在にギリシア語を操ってこそなしうる力技であって、恐るべき言語能力と詩才だと言うほかない（このことは、言語体系の異なる古典中国語の詩つまりは漢詩のことばと詩法を完全にマスターし、中国人を驚かせるほど詩的完成度の高い漢詩を生み出した漢詩人たちが、わが国にもいたことを考えれば、さほど驚くに足らないのかもしれない。だがギリシア語を母語としないヨーロッパ人で、ギリシア語で詩を書いた詩人がほとんどいなかったことからして、やはりポリツィアーノは例外的な存在だったと言うべきだろう。日本人が漢詩を作ったのは、むしろドイツ人やポーランド人、チェコ（ボヘミア）人がラテン語詩を書いたのに比するべきかと思われる）。

ポンターニの序論にはポリツィアーノの詩のスタイル、韻律、言語的特徴などが詳細に説かれているが、それはギリシア語詩としての問題であって、ここでそれを紹介しても意味がない。またギリシア語による詩人としてのポリツィアーノを語るとなれば、それを原詩で紹介してこそ意味があるので、翻訳でそれを引くことはあまり意味をもたないことは自明の理である。この国でギリシア語を解するのはごく少数の人々のみであって、それを世の読者に求めるのは無理というものだ。かといって詩人を語るのに、その作品を一編も掲げないというのも愛想のない話であるから、せめてどんな内容の詩をギリシア語で書いたのか、そのごく一端だけでも伝えることにしたい。

ポリツィアーノのギリシア語エピグラムで興味深いのは、その没年に近い頃に、当時フィレンツェでその美貌と深い学識によって名高かったアレッサンドラ・スカラに熱烈な恋をして、彼女を讃え、恋心を訴えた一連の詩である。彼が「女性詩人」と呼んでいるこの女性は、卑賤から身を起こしてフィレンツェの行政長官にまで出世した学者で、ポリツィアーノの文学論争の敵手であったバルトロメオ・スカラの娘であった。彼女はごく年若くしてフィレンツェ大学でラスカリス、カルコンディラス両碩学に学び豊かな学才を示し稀代の才媛として聞こえが高かった。彼女の師であり、ポリツィアーノの学問・文学上の敵だったラスカリスも彼女に恋していたから、詩人にとっては恋敵でもあった。彼女はポリツィアーノにも師事したことがあるから、弟子筋にあたる女性でもあったわけである。詩人は同性愛者であって少年愛《パイデラスティア》を詠った詩を書いているが、例外的にアレッサンドラには心を奪われたらしく、彼女の美しさと学才を讃えた詩のほかに、求愛の詩を何編か遺している。それは

詩人アレッサンドラに寄す

お姿を見ることも、お聲をきくこともかなはぬとなら、
せめて玉章《たまずさ》にて御返事を賜はりたきもの。

同じく

乙女子よ、納めたまへ——骨で作れるこの櫛を、御髪《おぐし》を整へ給ふべく、
してわれに賜はれ、肉製の　毛におおはれたるその櫛を。

(「肉でできた櫛」とは暗に女陰を意味する表現である)。

といった内容のものだが、別の男性に恋していたアレッサンドラは、詩人にはつれなかった。ポリツィアーノはまたその詩才を傾けて、次のような詩を贈って彼女に求愛したが、この詩に興味を添えているのは、アレッサンドラがこれに劣らぬみごとなギリシア語の詩をもって応え、詩人の求愛を躱《かわ》してにべもなく退けていることである。その詩は彼女のギリシア古典に関する深い学殖を示すもので、学識のほどが偲ばれる。ルネッサンスの傑出した詩人と、美貌と学識で世に知られた才色兼備の女性とが、ギリシア語の詩の応酬で丁々発止と火花を散らしているのは、実に一世の奇観と呼ぶに足るものだ。それにしても令名ある詩人ポリツィアーノに対していささかも臆することなく、堂々とギリシア語の詩をもって応え、彼をやり込めたアレッサンドラの学殖と詩才も驚くべきもので感嘆のほかない。ギリシア語原詩の妙味は伝ええないが、その詩の応答は、およそ次のような内容のものであった。

詩人アレッサンドラに寄す

われ見出せり、見出せり翹望せる女《ひと》を、久しく探し求めたる女《ひと》を、愛神《エロス》に乞ひ求め、夢見たるその女《ひと》を。
その美しさは清浄無垢、そのうるわしき身のこなしは、
装へることなく、生まれもったる性《さが》によるもの。
ギリシア、ラテン両語に通ぜる才誇れる處女《おとめ》にして
舞踏に秀で、竪琴にも秀でたまふ。

この女人《ひと》をめぐりて、慎みの女神《ソフロシュネ》と典雅《カリス》らが相争ふ、
かなたまたこなたへと處女《おとめ》をば引き廻しつつ。
われ見出せり、かの女《ひと》を、されど甲斐なし。一年《ひととせ》に一度ほども
御姿を眼にすることかなはざれば、戀の炎《ほむら》狂へるこの身なるものを。

アレッサンドラがそれに応えて

知にすぐれる士に称賛されるほどよきことはありませぬ、
おんみの称賛は、妾《わたくし》めにいかほどの榮譽《ほまれ》をもたらせしことか。
「占いを口にする輩は多けれど、真の予言者は少なし」と申しまする。
見出せりと？見出せしこともなく、夢にても相まみえしこともありませせぬ。
「神は似た者同士を仲間にす」とは神さびたる伶人《うたびと》のことば。

世にアレッサンドラとおんみほど似たることなき者もありませぬ
ダニューブ河の流れのごと、御口より流れ出る深きことばは、
　北から南へと、さてまた東へと流れ漂ひゆくもの。
おんみが名聲はあまたの言語《ことば》にて地を馳せております る、
　ギリシアの言葉にても、ローマの言葉にても、御國の言葉にても。

天文學も、自然學も、數學も、詩も、法學も、醫學も、
　おんみをばヘラクレスと呼び、かなたこなたへと引き廻しております る。
處女《おとめ》なる妾《わたくし》めが學問なぞ、嗤ふべきたわむれごとにすぎぬもの、
　ボッコリスに言はすれば、花に置く露のごときもの。
されば巨象のおん前で羽音を立てたりは致しませぬ、＊
　　　　　　　　　　　　　　　　（＊偉大さが比較にならぬことを表す）
　おんみはアテナ女神と共にこの猫めを見下したもうらん。＊＊
（＊＊なにかの諺に基く表現で、似てもつかぬもの、比較を絶したものについて言われている）

アレッサンドラは謙遜を装いつつ、ポリツィアーノの詩句「かなたこなたへと引き廻しつつ」を巧みに自作に織り込み、皮肉を交えて令名ある詩人をみごとにやりこめているのである。これにはポリツィアーノも兜を脱がざるをえなかったであろう。

これがイタリア・ルネッサンスの生んだ稀代の才子と才媛による学識・詩才のぶつかり合いを示すものでなくて、なんであろうか。数々の天才、才子、才媛を輩出したイタリア・ルネッサンスならではの、ヨーロッパ世界でも稀に見る男女の華麗な知的応酬だと言っても過言ではあるまい。鎧袖一触、才媛を前にしてポリツィアーノは完全に一本取られた形になっている。

優雅な容姿と文才に恵まれ、和歌の天分もあったらしい才子安倍清行が、法会で美貌の才媛として知られた小野小町を見かけるや、

つつめども袖にたまらぬ白玉は人をみぬめの涙なりけり

と早々に懸想の歌を詠みかけたのに応えて、小町が、

おろかなるなみだぞ袖に玉はなす我はせきあへずたぎつ瀬なれば

とみごとに切って返し、軽薄な才子をたしなめやり込めて、その稀なる才気と高い矜持を見せつけたという故事を想起させる応酬だと言えようか。尤も安倍清行は小才子で、詩人としてはポリッィアーノに比すべくもない男だったが。文才・詩才豊かな男女の応酬はそれ自体興味深いが、それがほかならぬギリシア語の詩でなされていると

ころが、イタリア・ルネッサンスならではの文化的、文学的現象だと言えるであろう。それは文化史の上でも二度と見られない華麗な応酬だったと言っても過言ではない。

以上わが国では知られざる詩人の、さらに知られざる詩業の一端を紹介してみたが、イタリア文学の専門家以外に、世の一般の読者で詩人ポリツィアーノに関心を示す人が果たしてどれほどいるものか、なんとも心もとないことである。それは別としても、古典学の祖の一人としてのポリツィアーノの業績はもっと顧みられ、わが国の古典学者たちによって研究されてよいと思われる。

Ⅲ　東洋の古典詩逍遥回顧・落穂拾い

Ⅲ　東洋の古典詩逍遥回顧・落穂拾い

わが国の知識人と呼ばれる人々で、ヨーロッパの言語や文学を学び、その研究や翻訳紹介を一生の業としてきた人などが、中年以後あるいは老年にさしかかった頃からいわゆる東洋回帰を経験し、それまで一意専心携わってきた横文字の文学から次第に遠ざかり、東洋つまりは日本や中国の古典の世界へと傾斜を深めてゆくというのは、ごく一般的に見られる現象である。齢が進むにつれてこってりした洋食に飽き、あっさりした茶漬けなどを好むようになるのと同じことである。御多分にもれず、わたしもまたそれを経験した一人だが、敢えて言えば、わたしの場合、それは方向転換と言うほどのものではなく、ただ関心の比重が変わったということにすぎなかった。漢詩や日本古典は少年時代から好きであったからずっと読み続けてきたし、むしろヨーロッパの詩文学よりははるかに身近にも感じられたのである。

その昔文学者というものに憧れて文学部に籍を置いたが、そこを出たからといって文学で飯が食えるわけでもなく、やむなく大学院というところに「入院」したが、それも所詮は一時しのぎでしかなかった。

幸い本朝の大学というところが実にいい加減な教育の場であることに乗じて、まずは語学を生計の手段とせざるをえなかった。教壇生活の始まりは語学教師としてであり、薄給で貧乏神の追及に耐えかね、本を買う資金を得る必要に迫られて諸方で七ヶ国語を教えるという無茶なことをやらかしたが、これは何もそれらの言語ができたからではない。外国語の教師が自分の教えていることばに必ずしも深く通じていないことは、大学の教員から中学校、街の語学校にいたるまでの本朝に数え切れぬほどいる語学教師の先生方が、身をもって示しておられるところである。わたしもその一例にすぎなかったが、ただいささか厚かましさの度が過ぎただけの話である。言うも恥ずかしいことながら、言語学まで受けもっていたのだから、無謀な話である（おかげでその方面の勉強にかなりの時間とエネルギーを費やすことになったが、これも「ことば」というものについて考えたり、外国語に関する知見を広げたりする上で役に立ったから、無駄ではなかった）。

それが中途にして柄にもなく比較文学の教師という職に就いたので、それをよいことに、大学の教材としては一貫して日本古典文学をテクストにしてきた。学生たちにそれを講じたり教えたりするというよりも、心に適う作品、それもわたしがこういう日本語こそ若い人たちに読んで欲しいと思う作品を選んで、それを教室で一緒に読んできたというのが実際のところであった。尤も、いくら外国語大学だとはいえ、暴虎馮河、何年かにわたって、当方が一知半解そのものの源氏物語のゼミまで開いていたのは、どう考えても行き過ぎというものであった（比較文学のゼミであり外国語大学という場でもあったので、源氏物語の英・仏・独・露・中・伊［これは重訳］語訳を対比しつつ読むということをおこなったが、その予習が大変であった）。なにぶんまったくの門外漢ゆえに基礎から始めて源氏に関する大勉強をせねばならず、学生たちには迷惑だったろうが、これがわたしには随分勉強になったことは確かである。そういうことでもなければ、一介の横文字屋が源氏物語を原文で通読したり部分的にであれ精読するというようなことはなかったであろう。毎回予習が大変で無茶な背伸びをしたおかげで、多少なりとも日本古典に関する知識を深めることができたのはよかったと、後にして思うのである。

そういう次第で、一応専門ということで看板を掲げていた西洋古典文学の勉強（それはとても「研究」と言えるほどのレベルではなかった。これは恐ろしく骨の折れる学問で、ついに「研究」の域にまで達しえなかったという苦い思いを抱いて老年に到ってしまった）を細々と続けたり、一時は中世・ルネッサンスの文学に首を突っ込んだりしながら、その傍ら中年以後は東洋の古典とりわけ和歌と漢詩への傾斜を深め、それを読むことに次第に多く時間を費やすこととなった。和泉式部と式子内親王が偏愛の歌人であったことは先に述べたが、老年になると西行と良寛が最も心に適う歌人・詩人となったのは、日本人の原点とも言うべきものを求める心が強くはたらいたからであろう。江戸漢詩に親しむことになったのも、老年に達してからのことである。中国古典詩では陶淵明と李商隠それに蘇軾の詩が耽読の対象となったが、残念ながら漢籍の知識が浅いため、これらの詩人の詩を深く理解し味到するまでには至っていない。要するに単なる愛読者の域を出ていないわけである。老来一休和尚の漢詩などにも興味を覚え、それについてあたふたと「生煮え」の状態で未熟な一書を著してしまったのは、われながら軽率な振る舞いであったと思わざるをえない。この本には見苦しい誤記や迂闊な間違いが多く、辱知の大碩学にそれをご指摘いただいて、ただただ恥入るばかりであった。あわてて物を書くとどういう結果になるか思い知らされ、ほぞを噛んだが後の祭りであった。

わたしは昔から学問としての文学研究というものに懐疑的な人間であり、またそういうものに自分が向いていないことを夙に自覚していたので、日本や中国の古典を読むにしても、それはもっぱら自分の楽しみのためであって、研究だの探究だのといったことを目的とし、学問として古典詩を読んでいたわけではない。詩というものを学問として研究するということはあり得るだろうし、現にそういうものがあるとしても、それはわたしの任ではないし、さような能力が自分に欠けていることは確かである。「何々詩研究」というような本を一冊も書かなかった(というよりも書けなかった)のは、そのためである。「学問の府」と聞く大学というところに長らくいたので、「研究論文」を書くことが要求されたのだが、これは苦痛そのものであった。また博士論文の審査もそれ以上に苦痛であった。自分が論文らしい論文をひとつも書いていないのに、人様の博士論文を審査するなどおこがましいかぎりだと思っていたのである。

つまりはわたしがこれまでやってきたことは研究のたぐいではなく、あくまで一アマトゥールとしての気ままな「古典詩逍遥」であった。陶淵明、中国飲酒詩、和泉式部、式子内親王、西行、近くは一休などに関する小著を世に問うたのも、それらの詩人たちの作品を愛する一読者としての感想や印象、あるいは頌詞や時には批判を、忌憚なく開陳したまでのことである。ディレッタントの無用の閑業として嗤われたとしても仕方がない。それが世に言う古典評論の域に達しているか否かは、読者が決めることで著者がどうこう言う資格はない。拙著を読んでくださるきわめて稀な読者が、それに触発されて、当の詩人に関心を寄せたり増したりすることがあれば、以て瞑すべしである。

そんな気楽気ままな古典詩逍遥であったが、振り返ってみると、日本や中国の古典詩に関しても、これまでの拙著などで言い残したこと、言い忘れたこと、書き留めておきたかったことが、まだ何ほどかはあることに気づかされる。いずれも敢えて筆に乗せるまでもないほどの些事であり、なんの新たな発見があったわけでもないが、言わぬは腹ふくるるわざ、贅言そのものと思いつつも、一言しておきたいのである。

そういう次第で、以下何人かの詩人たちとその周辺について、贅言を費やしてみたい。どの話だったか正確に記憶してはいないが、確か昔読んだ西鶴の物語に、死の床に在ってもなお羽織の紐になりそうな紙縒《こより》のことを気に病んで死んでゆく老婆の話があったと思うが、以下の古典詩回顧もまあそんなものかもしれない。

老後閑居の友陶淵明

古稀を迎えてようやくそれまでの教壇に立つ生活から完全に解放されたときにまず思ったことは、「これからは陶淵明に倣って暮らしたい」ということであった。

息交遊閑業　交わりを息《や》めて閑業に遊び
臥起弄書琴　臥起《がき》に書琴《しょきん》を弄ぶ

という生き方こそが残生を送るにふさわしいと思われたのである。蘇軾の言う「餘年の樂事最も身に関わる」であるから、晴耕雨読が理想だが、わたしには耕すべき田畑も菜園もなく、都会生活で身は狭隘な鉄筋コンクリート長屋に呻吟する日々であるからそれはかなわない。「拙を守って園田に帰る」ことは事実上不可能である。信州の田舎に「蓬廬書屋」と名付けた大きなボロ屋はあるが、それは末弟の住居であってわたしの書庫でもあるが、耕すに足る菜園などはない。五柳先生に倣って門前に柳の木を二本植え、「二柳（二流）先生」と称する夢もついに果たせなかった。臥起に書琴を弄びたいところだが、書はともかく琴となると、音楽の才無き悲しさでそれも難しい。大昔少しばかりやったことのある鋼琴《ピアノ》も、娘たちが家を離れてからは蓋を開けることもなく、その上にさまざまなものを積み上げてある始末で、古稀の手習いも慵いので結局はまったくやらなかった。かといって陶淵明に倣って無絃琴をなでまわすほどの風流心も欠けている。良寛和尚に倣って「静夜草庵の裡、独り奏す没絃琴」などと詠じる境遇にも程遠い毎日なのである。草庵ならぬ「騒庵」の鉄格子のはまった四畳の勉強部屋の窓から見えるのは、菊でも南山でもなく、雑然と立ち並ぶ人家や高層マンションのみである(ちなみに今わたしが住んでいる川崎市の鉄筋長屋のあるあたりは、江戸時代は貧民街〔貧村〕だったそうで、あまりの貧しさに農民たちは租税が納められず、賦役をもってそれに代えたとのことである。そこからしても、定家の言う「末代の貧者」たるわたしにはふさわしい居住の地であることは確かだ)。悠然として見たくとも、眼に入るものがさような無粋なものではどうしようもない。一休和尚に倣って「南山且つは対して、意悠々」、「淵明が吟興　わが風流」などと嘯いてみたいが、どう考えてもそれは無理である。

その索漠たる情けない老残の日々の思いを、わが解憂の具である一見漢詩風「奸詩」に託して、

不得為淵明　　淵明と為るを得ず、
無為徒延命　　無為にして徒《いたずら》に延命す。

命長未在世　命長くして未だ世に在り、
空送老残生　空しく送る　老残の生

などと詠って鬱を散じるのみである。

友人でわたしが勝手に「雅水」という雅号を奉ったM大人という大人物がおり、大学を退いてからは千葉の田舎で、無欲恬淡一個の隠者として悠々自適隠棲を楽しみ、文字どおり晴耕雨読の日々を送っているが、いくら羨ましくともそんな隠者のような生活は望みえない。それに続いて、わたしの漢詩の師匠である詩人補足齋こと黄旭博士が、中国の大学教授の職を退いてこのほど那須に居を定められ、窮耕の生活に入られた（これを機に黄博士に「枯骨閑人」の戯号をお譲りしたが、今後それを用いていただけるかどうかはわからない）。隠棲を好む博士もまた無欲恬淡、学を深く積んでも名利を求めず、売文の業を嫌って、駄文を草して空名を逐うような真似はなさらない。別の友人宇足齋こと漢詩人小笠原虞人先生も、編集の仕事を退いて退隠生活に入り、詩酒徴逐の日々を送り閑雅な生活を楽しんでおられるとのことである。わたしにはそれは叶わない。そこでやむなく中国古典の畑を耕して老残の日々を送ることにしたのだが、なんの因果か横文字との縁もなかなか切れず、傘寿を迎えてやっと念願かなって横文字を完全に廃することができたのである。

事志と違うことになったそんな生活の中でも、長年の独酌の酒伴であり偏愛の詩人であった陶靖節先生の詩だけは大切してきた。わが人生の師とも崇めるこの詩人に寄せる欽慕の念は、一〇年あまり前に出した『陶淵明私記―詩酒の世界逍遥』という小著に託したのでいまさら言うこともない。これはまったく売れず世に読まれることなき本であったが、わが偏愛の詩人へのオマージュを捧げることだけはできた。

ただ老年になってからこの詩人の読み方自体も、自分の中で変わってきたような気がする。以前は先生の詩を文学として味わうということもあったが、近頃ではさようなことはどうでもよく、もっぱらその詩に自分の生き方の指針を求めたり、老愁を払う慰めを求めるようになってきた。わたしにとって陶詩はもはや文学以上のものであって、日々の自分を見つめ、老残の日々の生き方を定める聖典のようなものになっているのである。

衰老つのってもはや六道地獄も目前という齢に達しながら、なおもいわれなき焦慮に駆られて、毎日あくせくとした心にゆとりのない生活を送っていることに気づいて先生の詩に眼をやると、「ああ、そうであった、人間かくありたい、かくあらねばならぬ。俺の日々の生活はなんとそれに遠いことか」と改めて反省させられる。先生の詩集を開くたびに、そこに仰ぐべき理想的人間像を見出している日々なのである。「お迎え」も間近くなったのを感じて『往生要集』はむろんのこと、『法華経』などを読むようになったが、なんのことはない、お経を唱するように、週に何度か適宜先生の詩集を開いて「陶淵明経」を唱えるのが日課のようになっている。「老愁葉の如く拂えども盡き難い」身は、先生の詩を唱することで、しばし愁いを忘れるのである（辱知の大中国文学者皮日休《かわひきゅうぞう》三先生が、『風呂で読む陶淵明』という便利な本をくださったが、これを実践してみると、長風呂でのぼせて溺れそうになったので、やむなく風呂で陶詩を読む楽しみは断念せざるをえなかった）。

中国の伝統である「詩酒合一」という理念を尊重するわたしとしては、「詩酒徒」の元祖的存在、李白とともにその典型である陶靖節先生こそは崇むべき詩人なのである。ただ残念なことに近年体力、脳力ばかりか酒力まためっきり衰え、以前のように先生に倣って独り酒を酌み、「觴《さかずき》を渾《ふる》って孤影に進む」ことも稀になってしまったのはいかにも寂しい。勝手ながら長年にわたって酒伴をお勤めいただいたが、もうその役目も御辞退願わなければならない仕儀となった。晩酌も廃したし、「酒有るも肯えて飲まず」なのは、「但だ世間の名を顧みる」からではなく、体が弱って酒があまり飲めなくなったからである。「詩酒合一」の日々はもはや彼方となった。詩人ならぬ身でありながら「詩酒徒」たらんと夢見ていたのは昔の話で、今は老妻と茶をすすり歯の欠けた口で饅頭をかじっているのは情けない。

かくて「淵明宗」の信徒となった老耄書客は、その始祖たる先生の詩巻をうやうやしく開いて、

荏苒歳月頽　　荏苒《じんぜん》として歳月《さいげつ》頽《くず》れ

此心稍已去
値歡無復娯
毎毎多憂慮
気力漸衰損
轉覺日不如

此《こ》の心《こころ》 稍《やうやく》已《すで》に去《さ》る
歡《よろこび》に値《あ》ふも復《ま》た娯《よろこ》ぶ無《な》く
毎毎《つねづね》 憂慮《ゆうりよ》多し
気力《きりよく》漸《やうや》く衰損《すいそん》し
轉覺《うたたおぼ》ゆ日《ひ》びに如《し》かざるを

（訓読は釜谷武志氏による。以下同）

という詩句をそこに見いだせば、「ああ、先生にして猶、老年に到ってかくの如き心境になられたか、これは日々気衰え、「老年《ろうねん》欣豫《よろこび》少なし」と嘆じている現在の自分の心境そのものではないか」と思い、一向に諦念も諦観にも達せず、老來日々鬱々と暮らしていることへの慰めを得ているのである。理想として仰ぎ見る師表にもこのような心折れる日々があったことに、人間陶淵明の存在を感じ、いっそう先生への欽慕の念が深まるのを覚えずにはいられない。
　さてはまた、他日詩巻を開いて、

人生似幻化
終當歸空無

人生《じんせい》 幻化《げんくわ》に似たり
終《つい》に當《まさ》に空無《くうむ》に歸《き》すべし

という詩句が眼に入れば、一向に悟れぬわが身を愧じて、いかにもと思いつつその句をありがたく唱し、

縦浪大化中　大化《たいくわ》の中《うちに》縦浪《しょうろう》し
不喜亦不懼　喜《よろこ》ばず亦《ま》た懼《おそ》れず、
應盡便須盡　應《まさ》に盡《つ》くべくんば便《すなは》ち須《すべか》らく盡《つ》くべし
無復獨多慮　復《ま》た獨《ひと》り多《おほ》く慮《おもんばかる》こと無《な》かれ

という詩の一節に出遭えば、なるほど死を想って反問するのは無駄なことだ、先生の仰せの通り、自然の大きな流れに身を委ねて、静かにこの世から消えてゆけばいいのだと納得する、と言った具合である。

かと思えば、先生の詩集には、右の詩句とは矛盾し齟齬するかに思われる、

身没名亦盡　身《み》没《ぼつ》すれば名《な》亦《また》盡《つ》く
念之五情熱　之《これ》を念《おも》へば五情熱《ごじょうねつ》す
従古皆有没　古《いにしへ》より皆《み》な没する有《あ》り

念之中心焦　　之《これ》を念《おも》へば中心《ちゅうしん》焦がる。

という詩句もあり、また次のような詩句も見出されて、複雑な思いに駆られたりもするのである。

日月有環周　　日月《じつげつ》環周《めぐ》る有《あ》るも
我去不再陽　　我《われ》去《さ》りて再《ふたた》びは陽《やう》ならず
眷眷往昔時　　眷眷《けんけん》たり往昔《わうせき》の時《とき》
憶此斷人腸　　此《これ》を憶《おも》へば人《ひと》の腸《ちゃう》を斷《た》たしむ

というような詩句がそれで、それを読んで、ああ、老荘思想をきわめた達観の士たる陶靖節先生にしてなお、一向に悟れぬ俗漢である自分と同じように、生は有限、人生は一度限りのもので、昔を今になす由もなきことを嘆じ、過ぎし昔を恋しく憶っては断腸の思いをなされたこともあるのだ、人間である以上、死を想って懊悩、苦悶するのは自然なことなのだと、深く共感を覚えたりもする。
　わたしにとって陶淵明を読むことは、そこに人間の姿そのものを読むことにほかならない。これは蘇軾の詩についても言えることではないかとも思う。蘇軾もまたわたしにとっては詩人であると同時に、それ以上に人生の師であったし、今もなおそうである。

　そういえば仏者であり、西方浄土を信じ来世における蓮のうてなを期していたはずの西行にも、一度限りの生を断つ死を詠った

越えぬればまたもこの世にかへり来ぬ死出《しで》の山こそかなしかりけれ

という切実な歌や、みずからの死を怖れる

いづくにか眠《ねぶ》り眠りて倒《たふ》れ臥《ふ》さむと思ふかなしき道芝の露
死にて伏さむ苔のむしろを思ふよりかねてしらるる岩陰《いはかげ》の露
はかなしや徒に命の露きえて野べにわが身やおくりおくらむ

といった歌があったことが想起され、悟り切った禅師であった一休和尚が死に臨んで「死にとむない」と言ったとか、良寛和尚も同じく「死にとうない」とつぶやいたと伝えられることも脳裡に浮ぶ。そんな具合で、陶詩を読むと、死をめぐって実にさまざまなことが連想されるのである。

　そういう次第で、わたしにとっては、何十年にもわたって親しんできた陶詩は、もはや文学であるよりは、自分の生き方の一部になっている。なんとも身勝手な、自分

に引き付けた詩の読み方であって、文学鑑賞から言えばこういう読み方は邪道だろうが、他人に迷惑のかかることでもないので、残されたわずかな日々は、こんなふうに先生の詩とともに生きたいと願っているのである。老耄により浅酌低唱にも耐えられぬ身となったので、長年お勤めいただいた酒伴の役目は御辞退願わざるをえない仕儀となったが、まだまだ先生にはお付き合い願わなければならない。こういう詩人に出遭えたことは、「幽憂之病」に悩む老耄書客にとってはまことに幸せであった。

李賀の詩的想像力

中唐の時代を生きた天才詩人李賀の詩に初めてふれたのは、岩波版「中国詩人選集」の一冊、荒井健訳注『李賀』によってである。それまでわたしはこの詩人の作品を知らなかった。唐代の全詩人たちの中にあって異色中の異色の詩人であり、その傑出した詩才によって異様な光芒を放っているこの詩人を知らなかったとは迂闊な話だが、それはひとつには唐詩といえば李白や杜甫それに『唐詩選』しか読んだことがなかったためであった。今から考えれば不思議にも奇怪にも思われるが、なんと『唐詩選』には一編たりとも李賀の詩は収められてはいないのである。蘅塘退士《こうとうたいし》編『唐詩三百首』にも、『三体詩』にも李賀の詩は一編も採られてはいないが、これも不思議な話である。

『古文真宝』には李賀の詩が二編採られているが、わたしがこの本を覗いたのは、ずいぶん後のことなので、荒井氏の訳注本に接するまで、李賀の詩を読んだことはなかった。二七歳で夭折したとはいえ、早熟の天才でごく若くしてすでに詩名高く、その評判を聞いた当時の著名な文学者韓愈と皇甫湜が、わざわざ二〇歳にもならぬ李賀を訪れたと伝えられるほどの詩人でありながら、その詩が唐代を代表する詩人たちの詩を収めた詩選集に一編たりとも見えないのは、不可解と言うほかない。尤も仮に二〇代で李賀の詩に初めてふれたとしても、当時のわたしの漢詩の理解力では、この詩人の世界には参入できなかったであろう。

今は昔、大学院を出て新米の大学教師になった頃、最初に貰ったボーナスで上記の詩選集を買ったのだが、その第一四巻が李賀の詩選であった。開巻早々に「奇峭瑰麗」と言われるその言語表現に驚き、奇怪とさえ思われた険怪にして難解な表現に躓き、よくわからぬままに李賀の詩を卒読したのだが、ともかく強烈な印象を受けたことは確かである。その詩は、それまでわたしが接していた伝統的な中国古典詩の世界とは大きく異なる、玄妙不可思議な詩的世界であった。およそ中国の詩らしからぬ幻想的、夢幻的な詩的世界に誘い込まれ、異様な詩に出遭ったという気がして、「なんという不思議な詩だ、中国にこんな幻想的な詩を書いた詩人がいたのか」という驚きが大きかったことだけは覚えている。その詩の世界の暗鬱な色調と深いペシミズムも印象的であった。暗い地の底から陰々と響いてくるような、陰鬱にして華麗で悲哀感の漂う詩は、わたしがそれまでに馴染んでいた「漢詩」という概念を覆しかねないほどのものであった。昔の美女の亡霊が、墓場で恋人を待つ姿を幻視した不気味な詩「蘇小小の歌」や、亡霊、幽鬼のうごめく死者の世界、夜の墓場の情景を詠ったぞっとするほど薄気味悪い「感諷其三（「南山　何ぞ其れ悲しき」）」、みずからの身を月世界に置いて地上世界を眺めた奇想天外な詩「天を夢《ゆめ》む」、悪意に満ちた人間世界を異様な言語表現で描いた「公門を出づるなかれ」といった怪奇な幻想に満ちた詩を初めて読んで、一種異様な感覚にとらわれたものであった。「神絃の曲」を読んではその奇想に驚き、

青狸哭血寒狐死
古壁彩虯金帖尾
百年老鴞成木魅
笑聲碧火巣中起

青狸《せいり》　血《ち》に哭し　寒狐《かんこ》死す
古壁《こへき》の彩虯《さいきゅう》　金尾《きんお》に帖《ちょう》す
百年《ひゃくねん》の老鴞《ろうきょう》　木魅《もくみ》と成《な》り
笑声碧火《しょうせいへきか》　巣中《そうちゅう》に起《お》る

といった異様奇抜な詩句に眼を奪われたりもした。また早くからわが愛読書であった青木正児大人の『中華飲酒詩選』で初めて接した時には、李賀がいかなる詩人かさほど気にも留めずに気楽に読み流していた「将進酒」なども、それが李賀の詩であることを意識して改めて読んでみると、そこに見られる色彩豊かで華麗な言語表現に眼のくらむ思いであった。読後、これは途方もない詩人だ、こんな詩を書いた詩人はヨー

ロッパにもいないのではないかという印象が強く残った。ボードレールの悪魔主義《サタニスム》というようなことも頭をよぎったが、その時はそれで終わり、愛読者となるまでには至らなかった（李の詩を読んでボードレールを連想するのは何もわたしひとりではなく、ヨーロッパ人の多くがそうであるらしいが、一見類似性、親近性があるように見えても、それは表面的なものにすぎず、両者の詩の性格は根本的なところでは大きく異なっていると言うべきだろう。ボードレールの背後にあるのは、キリスト教信仰を基底にもつ悪魔主義《サタニスム》であって、李賀の詩に頻出するデモーニッシュなものはそれとは質を異にすると思う。またこの詩人の詩的世界は、惨めな現実への嫌悪感から現実世界を拒否し、人工楽園の世界をしつらえて、そこで耽美的な生活を送る主人公を描いたユイスマンスの小説『さかしま』を連想させるところもあるが、その類似性もごく表面的なものにとどまるように思われる）。

李賀の詩に強烈な印象は受けたがそれに深入りしなかったのは、「二十にして心已に朽ちたり」というこの詩人による陰鬱にして華麗な「敗者の文学」たる詩は、一介の素人にはあまりにも晦渋で、その詩的世界に参入することが難しかったからである。激情にあふれ妖気漂うその怪奇性に満ちた詩風によって、中国詩史の上でただ一人「鬼才」の名をもって呼ばれたというこの詩人の詩書の扉は固く、気楽に親しんだり愛唱したりできなかった。それに北方的な暗さと重さを湛えたロシア文学の世界から陽光あふれる地中海世界の詩へと眼を転じ、澄明なギリシア詩に強く惹かれるようになっていたこともあって、バロック的な詩の世界は敬遠していたということもあった。

だが一読後なにか忘れがたいものがあって、李賀はずっと気になる詩人ではあった。その後何年か経って集英社版「漢詩大系」に収められていた齋藤晌氏訳注による『李賀』を読んで改めてこの詩人に興味を覚え、岩波文庫の鈴木虎雄氏の『李長吉歌詩集』や、黒川洋一氏の『李賀詩選』などによっても、この「鬼才」の詩を折にふれ読むこととなった。一九九九年に原田憲雄氏の『李賀歌詩編』全三巻が平凡社東洋文庫版で出たので、今度はそれによってじっくりと読んだ。中国文学者であり詩人であるこの著者の、東西の詩に関する洽博な知識に裏打ちされた李賀の詩の読みの深さ、その精確な解釈、鑑賞には触発されるところが多く、興奮を覚えたものだ。李賀についての先学たちの著作にふれることで、「恨血千年　土中の碧」、不遇のうちに若くして恨みを呑んでその生を終えた李賀の血が、異様に耀く碧玉となって千年あまり後の世まで伝わり、玉《ぎょく》すなわち彼の詩を研究する学者たちが、心血をそそいでその妖しい光の光源を探っていることを知ったのである。わたしの乏しい学力では独力で李賀の詩を読むことは困難であり、もっぱら中国文学者たちの力を借りてこの詩人に接してきたので、「読んだ」と言っても実際にはその方面の専門家たちの説くところを拝聴してきたにすぎない。横文字屋としてはそれが精一杯のところであった。

李賀の詩の特質について眼を開かれたのは、『終南山の変容―中唐文学論集』に収められた川合康三氏の一連の卓抜な論文によってである。また幸いにも山田侑平氏の邦訳が出たので、呉企明『李賀―その人と文学』を読むことができ、あれこれ教えられるところはあったが、この本は新中国特有のイデオロギー臭が強すぎて、詩に関する本としては不満が残った。リアリズムの対極にある李賀の詩の虚構性を説く姿勢が見られないのが残念に思われたのである。尤も読解力が乏しい上に、専門家によってあまた書かれている李賀の詩に関する論文や研究書までは眼が届かずほとんど読んでいないので、依然としてわたしは李賀の詩に関してはまったくの門外漢にとどまったままである。

読み物としておもしろかったのは、草森紳一氏の未完の大著『李賀―垂翅の客』である。評伝としてのその学問的評価がどれほどのものかはわたしにはわからないが、鬼才ならぬ奇才が縦横無尽に才筆を揮って稀代の天才詩人の姿をあざやかに描き出す手腕には、痛く感心させられたものであった。この本の第一部が著者わずか二七歳の時に書かれたことを知って驚倒させられたが、老人だと思っていた著者草森氏が、わたしよりわずか二歳しか年長にすぎないのにも驚き、人の文才というものには随分落差、懸隔があるものだと思わざるをえなかった。わが身の凡骨たることを改めて知った次第で、「良薬は口に苦し」で、いい薬になったことは確かである。そう言えば高橋和巳氏が、学問的に精緻であると同時に李商隠の詩心を深くとらえた個性的な中国詩人選集『李商隠』を世に送ったのも、やはり二七歳の時である。その筆致に若さは感じられるが未熟なところは微塵もなく、非凡の才を感じずにはいられない。

それはさておき先学たちの力を借りずにはその詩を読むこともできない一門外漢が、難解をもって世に知られる李賀の詩について発言するのもおこがましいが、これまでギリシア・ローマの詩を中心にヨーロッパ古典詩を読んできた者として、この詩人の詩に関する、いかにも主観的な読後感を少々洩らすこととしたい。元横文字屋の一アマトゥールの気ままな放言として受け取っていただきたいが、わたしに言えることはごくわずかしかない。それも独自の見解と言えるほどものではなく、すでに先学たちによって言われていることで、わたしがそれを知らないだけかもしれない。だとすればヨーロッパ古典詩を学んだ者も、結果としては李賀の詩に関しては専門家たちと同様な見解を抱く、という事実を示すことになろう。

さしあたり今のわたしには李賀の伝記的な事実に関しては、さほど興味はない。偉才を抱きながらも理不尽な妨害によって官人への道を断たれ、「二十歳にして心朽ちた」この不遇な詩人の憤怒に満ちた生涯について云々できるほどの知見も持ち合わせてはいない。失意のうちに恨みを呑んで二七歳で果てたその生涯については、専門家たちが詳しく探索、詮索してその所説を述べているから、それをそのまま受け取っているだけである。

ではこの詩人に関して何が言いたいのかと問われれば、一読者としてわたしが最も驚嘆し強調したいのは、彼の異様な、ほとんど異常なまでに豊かな詩的想像力である。李賀の詩がすべてそうだとは言わないが（その詩の中には「昌谷の詩」、「出城」、「陳商に贈る」、「愁いを開く歌」、「崇義里　滞雨」その他、詩人の日常体験や現実生活から生まれた詩も少なからずある）、彼の代表作と見られている何編かの幻想的な詩に見られる、常人の想像を絶した、奔放で、伝統的な詩的世界の壁を突き破って広がっているその想像力には嘆声を放つほかない。ほとんど病的なまでに見える一種異常感覚の持主であるこの詩人の異様な想像力から、「奇」と称される詩風が生じた。悪意に満ちた暗黒の現実世界から遠く飛翔し、心兵を八極に遊ばせて壮麗な虚の世界に遊んだのが、詩人李賀の本領だと思う。さしも広大な中華の地も、詩人李賀の詩的想像力を容れるには狭すぎた。それが「酒　闌《たけなわ》にして感覚す　中区は窄《せま》きを」という、局限された現実世界の狭苦しさ、息苦しさを衝いたことばのように思われる。こういうことを言った詩人は、中国ではほかにはいないのではないか。詩人としてその「窄き中区」に跼蹐することを拒み、局限された現実世界を離脱し、それを超えた壮大な虚構の幻想世界を詩の中にしつらえて、そこで詩的想像力を存分にはばたかせたのが李賀の詩であるように、わたしには思われる。暗黒の現実社会に生きながら、現実を超えた幻想の世界に生きた詩人、それが李賀である。想像力によって日常性を超えた、現実世界とは次元の異なる詩的空間を構築し、その人工楽園ないしは悪鬼妖霊うごめく人工地獄の中で、詩人としての潜勢《デュナミス》を思い切り開放し発揮しているのがこの詩人だ。その超現実的な詩はリアリズムの対極に立つものだ。それは現実社会での惨めな敗者だったこの詩人の、彼を受け入れようとしなかった社会への文学的な報復ではなかったろうか。『李賀詩選』の解説で、黒川洋一氏はこの詩人が科挙受験を阻まれ、官人としての道を断たれたことに関して、次のように述べている。これは当時の中国の社会体制に馴染まなかった李賀という特異な詩人を考える上で、重要な指摘だと思われる。

唐代にあっては詩は倫理ないし政治そのものであり、**調和を破る詩は調和のある倫理と政治の破壊であり、李賀のごとき人物は危険な存在であると考えられた**ことがこの事件の真の原因ではなかったかと、わたしはそのように考えている。

（太字―引用者）

これは大変炯眼な指摘であって、「志を言う」のが詩の本道とされ、詩が古来公的性格を帯びていて、政治と詩が常に密着し、詩人即官人であった過去の中国では、李賀のように非政治的かつ非現実的で、非倫理的バロック的性格を担った詩を書くような詩人は、詩人であるかぎり体制内におとなしく納まるはずがなかったということである。そういう詩の世界の創り手として生まれ、悪の世界を詠う怪異に満ちた幻想的、夢幻的な詩の作者であったことが、李賀を既存社会からの疎外者、現実世界での敗者としたのだと言えるであろう。一九世紀のヨーロッパならぬ過去の中国のような国では、そのような詩人であること自体がすでに反社会的であった。この詩人が、安定を求める体制の側から拒まれ、排斥疎外されたとしても何の不思議もない。李商隠の「李長吉小伝」によれば、李賀は「時の人も多くこれ排擯す」とされているが、彼が時人に排斥されたのは、何も皇族の子孫たることを誇り傲岸だったというその性格によるばかりではなく、人間社会の悪をことさらに詠うことで安定した社会を不安に陥れ、その調和を破り、体制にひびを入れるような詩人だったからである。そういう存在であった李賀のような人物が世に容れられるはずもなく、官途が開けることはなかった。この詩人は本性反逆の人であるがゆえに、名族の出の者にお情けで与えられた卑官にわずか三年しか耐ええなかったのもまた当然であった。

疎外された詩人は失意の人、「垂翅の客」として虚弱な体に破れた錦の袋を背負って故郷の地で山野を彷徨しつつ苦吟し、みずからがしつらえた幻想世界、壮麗な虚の世界にしばし遊んだ後、恨みを呑んで短い生涯を終えるほかなかったのである。

李賀の詩が、中国詩史の上でほとんど類の無いユニークなもので、他の詩人たちには見られないいくつかの顕著な特質、独自性を備えていることは、すでに多くの人々が指摘しているところだ。「濃密で華麗な詩的言語」、「色彩感覚の驚くべき豊かさ」、「造語の警抜さ」、「言語の形象性の豊かさ」、「詩句の凝集度の高さ」、「詩句の孤立性」、「代詞の頻用」、「詩想の時間的空間的超越性」といった要素が、この詩人の詩を他に類例のない独自なものとしていることが、専門家たちによって指摘されている。それを指摘されて改めて李賀の詩を眺めると、いかにもと納得のゆくことばかりであって、異を唱える余地はまったくない。

その上でなおも繰り返し強調したいのは、異様な形で発達した李賀の途方もない詩的想像力であり、それによって生み出された彼の詩の虚構性である。諸家が説いているように、総じて中国古典詩の大きな特色は、その現実性である。古代ギリシアの詩において、神話がきわめて大きな詩の主題であったことからもわかるように、古来ヨーロッパの詩が一貫して虚構性を重んじるのに対して、中国の詩は深く現実に根差している。詩人は自身の体験に基いて現実の一局面を切り取って、それをみずからの詩想に合わせて詠いまた描くというのが、その基本的姿勢であり、伝統的な詩作の態度だとされている。そこではまったく現実世界を反映していない純然たる空想的世界、もっぱら詩人の脳髄から生み出された虚構の世界が占める割合は小さい（李賀が多大な影響を受けたとされている『楚辞』は、例外的にそのような性格が色濃い）。

だが李賀の場合は、その詩作の態度は、いささかそれとは異なる。中国詩史の上で孤立した存在、ほとんど異端とも言えるこの詩人は、その代表的な傑作とされる詩において、奔放無比な詩的想像力を自在に駆使して、現実には存在しない幻想的、神話的世界を創りあげた。そこでは濃密で華麗な表現によって、美しさと怪奇とがないまざった不思議な幻想世界が繰り広げられているのが見られる。例えば「秦王飲酒」がまさにそれである。現実と幻想との間に明確な閾を設けないこの詩人にとっては現実は幻想であり、幻想は現実なのであって、両者は交錯し融合していると言ってよい。そこでは幻想自身の身を月世界に置いて地上を俯瞰していた詩「天を夢む」を見よ。そこでは幻想が現実として表現され詠われているではないか。「蘇小小の歌」のように、現実と空想、幻視が不思議な形で隣接しているかに見える不気味で怪奇な詩もある。いずれにせよ、リアリズムの対極にある李賀の詩が、中国古典詩としては異例なまでに公的性格をもたず、非政治的非倫理的であることによって、最も純粋な詩に近づいていることは間違いない。こういう異質な詩が伝統的な中国社会の調和を破るものと見なされ、作者李賀が危険人物視され、排斥されたとしても不思議ではない。

つらつら思うに、李賀という人物は、どうあっても純粋な詩人として生きるほかなかった人間であった。仮に彼が妨害されずに科挙の試験を受けて合格し、無事に進士になれたとしても、韓愈や元稹のように官途と詩業とを両立させ、官人としての道を歩みながら、詩人としても大成していったとは考えられない。それは李賀という存在そのものが、詩人であることによって既存の社会体制への反逆となっているからである。詩に偏執した李賀の場合は、詩人であるかぎり官においては無能であるほかなく、官人にして詩人という生き方は不可能であった。李賀にとって詩を書くこと以外の人生があり得たとは到底思えないのである。人間としてまた官人としての人生経験を積み重ね、詩作に精進してやがて老熟し、完成度の高い詩を生む詩人として大成する、というのが大方の中国の詩人たちのあり方だという。とすれば二七歳でその詩的エネルギーを燃やし尽くして死んだ李賀は、やはり異例の存在だということになる。その詩風から考えるかぎり、老熟した李賀というような存在は想像しがたいのである。仮に彼が元稹や白居易のように生きていたとしたら、李賀はもはやわれわれの知る独創性に富んだ異色の詩人李賀ではなく、ただ巧みに詩を書く官人にすぎないだろう。詩人として生まれ、早熟な天才として早くから世の耳目を集め、反社会的、バロック的な怪異な詩を書く鬼才として頭角をあらわしたことが、結果としては必然的に李賀という人物を実人生における敗者とし、非現実的な詩の世界に生きるほかなくさせたのだと言ってよい。それが、暗黒醜悪な現実社会に身を置きながら、みずからがしつらえた、時に壮麗でしばしば幽鬼うごめく幻想世界に生き、最後は白玉楼中の人となったこの鬼才の宿命であった。そんなふうにわたしはこの「呪われた詩人」をとらえているのである。

『李商隠詩選』――川合康三大人の功業頌

李商隠という詩人を知ったのはこれもう半世紀近い大昔のことで、やはり岩波版「中国詩人選集」の高橋和巳訳注『李商隠』によってである。なんの予備知識もなく読んだのだが、一読あまり漢詩らしくない詩だなという印象があって、とりわけその「無題」詩つまりは恋愛詩に惹かれたのであった。「耽美的」という印象が当たっているかどうかは知らないが、氏が「古今に冠絶する恋愛詩の名作を数多く残した」と称える詩人の作だけあって、「無題詩」には何か他の詩人たちの詩とは異質なものを感じた覚えがある。ただ氏が「だが無題詩には、字句のすべてを分析的に説明し得ても、なお全体的な朦朧性が残る。まことに朦朧の形でしか究極のところ理解し得ない」と述べているように、その恋愛詩の魅力がどこに発するものかよくわからなかった。

続いて読んだ氏の李商隠論である評伝『詩人の運命』も実に興味深く、著者が詩人に全力を挙げて取り組む姿勢に一種鬼気のようなものを感じて、その迫力に圧倒された記憶がある。ただ好きというだけで、漫然とあれこれの詩人の作品を読み散らし、感傷に耽っていただけの自分との懸隔の大きさを感じたものであった。これはいわゆるアカデミックな詩の研究書などを読んでは得られない体験であった。鋭利な刃物を揮って李商隠の詩を切り裂き、その内部を明らかにして行くような姿勢には舌を巻くほかなかった。学問的にはどうなのかわからないが、この本はみずから文学の創作に携わった文学者高橋和巳でなくては書けない、なんとも個性的で，裂帛の気合が籠りぴりぴりと神経が張り詰めているような内容の本で、恐ろしく個性的な詩人論であることは間違いない。高揚し激した硬質な文体で書かれたその李商隠詩論は、その激しいことばのひとつひとつが胸に突き刺さるような感じがし、衝撃的であった。大学の教師になったのでやむなく書いていた、学問的でもなくましてや文学的でもない自分の詩に関する「ロンブン」なるものが、なんとも生ぬるく気の抜けたものに思われて仕方がなかった。自分の菲才を棚に上げて、みずから詩作に携わることなく詩を学問的に研究するということへの疑念と否定という形で、その気恥ずかしさのうっぷん晴らしをするほかなかった苦い記憶もある。

そんな激しい衝撃を受けた読書体験ではあったが、李商隠に関する知識も理解も特別深まることはなく、それでも時折高橋氏訳注の『李商隠』を引っ張り出して読む程度のことはしていた。だが今にして思えば、心惹かれる詩人ではあっても、当時のわたしにはまだ李商隠の詩を真剣に受け入れるだけの用意はなかったということである。

その後、李商隠研究の先鞭をつけた高橋氏が没してからかなりの歳月を経た二〇〇八年に、吉川幸次郎先生の学統を継ぐ中国文学者で高橋氏の後輩にあたる川合康三大人の『李商隠詩選』が岩波文庫として世に出た。その恵贈を受けたわたしは早速貪るようにそれを読み、一冊目は赤鉛筆で先を引いたり、書き込みしたりで汚してしまったので、さらに二冊を新たに買い込み、以後ずっと愛読しているのである。これは中国古典詩研究の分野では実に画期的な詩書であって、わたしはこれによって改めて李商隠という詩人の魅力、とりわけ中国では稀な恋愛詩の作者としてその魅力や美しさを教えられたのであった。これはわたしのみならず、わが国で中国古典詩を愛する人々にとっても同様の体験であったろう。高橋和巳氏によって先鞭をつけられたわが国における李商隠研究は、川合大人によって継承されみごとに実を結んだと言ってよい。高橋氏が最も力を注いで論じたかったと見える李商隠の無題詩つまりは恋愛詩に関する考察は、氏の早すぎた死によって未完のままに終わったが、まだ論じられる余地を残しながらも、川合大人の手でひとつの詩的結晶を見たのである。

そこでもっと深くこの詩人を知りたく思い、中国で出ている『類纂李商隠詩箋注疏解』全五巻、『玉谿生詩集箋注』、『李商隠詩歌集解』や研究書なども買い入れたが、それらを覗いてみても、典故や事実に関するやたらに詳しい注はあるが、李商隠という詩人の特性や恋愛詩作者としての独自性、その詩の詩としての美しさなど、川合大人の書ほどみごとに浮き彫りにしたものはなかった。詩の研究は学問そのものではなく、ましてや知識の集積などではないことを確認する結果となったのである（同様な体験は、以前『陶淵明私記―詩酒の世界逍遥』という小著を書いていた折に、中国で出ている陶淵明研究書を覗いていて、味わったことがあった。ある研究書に、「詩人の研究に関する最も重要なことは、当の詩人の生涯に関する事実を追求することである」というようなことが書かれていたので、唖然としたものだ。ある詩人を研究する際に、その詩人の詩的想像力とか、美的感覚とか、作品の表現、措辞の特質とかいったものを明らかにすることこそが目的だと思っているので、さような研究は御免蒙りたいと思ったものである。これは事実ではなく冗談かもしれないが、フランスの某大学に提出された博士論文のテーマに、「パリ在住時代のスタンダールの家賃の研究」という「実証的」なものがあったという話を聞いたことがある。まさかとは思うが「実証的」な文学研究は、時に馬鹿馬鹿しいものとなりかねない。詩に関する研究は特にそうで、「実証」が詩《ポエジー》を殺す結果になっていることもある）。尤もわたしの中国語の力が足らないので、それらの注釈書や研究書をちゃんと理解できなかったということもある。ともあれ事実として李商隠に関しては、わたしとしては当座はこの『李商隠詩選』一冊があれば、それで充分である。

　川合大人がこの書で李商隠の詩に付した訳もみごとな出来栄えだが、解説に当たる部分に実に鋭い詩眼が光っており、なによりもそれに感嘆せざるをえない。とりわけ李商隠がその本領を発揮している恋愛詩「無題」詩の解説がすぐれている。それは単なる解説の域を超え、ある詩の神髄をつかみ出してそれを読者の眼前に供する役目を果たしている。李商隠という詩人を知り尽くしているのみならず、詩というものが本当によくわかっている人に、この詩人の神髄を語り聞かされているという思いがする

のである。例えば「無題四首」の其の二

颯颯東風細雨來　　颯颯《さつさつ》たる東風《とうふう》　細雨《さいう》来《き》たる
芙蓉搪外有輕雷　　芙蓉塘外《ふようとうがい》軽雷《けいらい》有《あ》り
金蟾齧鎖焼香入　　金蟾《きんせん》　鎖《くさり》を齧《か》み香《こう》を焼《や》きて入《い》り
玉虎牽絲汲井廻　　玉虎《ぎょくこ》　絲《いと》を牽《ひ》いて井《せい》を汲《く》みて廻《めぐ》る
賈氏窺簾韓掾少　　賈氏《かし》　簾《れん》を窺《うかが》い　韓掾《かんえん》少《わか》く
宓妃留枕魏王才　　宓妃《ふくひ》　枕《まくら》を留《とど》めれば魏王才《ぎおうさい》あり
春心莫共花爭發　　春心《しゅんしん》　花《はな》と共《とも》に発《はっ》するを争《あらそ》うなかれ
一寸相思一寸灰　　一寸《いっすん》の相思《そうし》　一寸《いっすん》の灰《はい》

という、禁断の恋にまつわる二つの故事を巧みに織り込んで、実らぬ恋の悲哀を繊細にして艶麗に詠った右の詩を、簡にして要を得た詩句の説明を施した上で、李商隠の恋愛詩の特性を、「李商隠の恋の詩の特性にはこのように背徳の翳りを帯びていることが多く、そのことがあまやかな悲傷に加えて重く清冽な抒情を恋愛詩にもたらしている」と説く。その詩的感性の鋭さ、炯々たる詩眼のするどさには舌を巻かざるをえない。これまでの中国古典詩の訳解で、そこまで説いたものはなかったと思う。わたしにはヨーロッパの古典詩に関して、ここまで深く読み取れる力はまったくない。

「漢詩」ということばのもつイメージのせいで、中国古典詩は古臭いと思い込んでいる人がいたら、まずこの『李商隠詩選』を読んでもらいたい。さすれば必ずや「漢詩」のイメージが変わるはずである。川合大人にはいわゆる漢学者風のところがなく、その柔軟でするどい詩の読みは、なみなみのものではない。その点で、世に数多く出ているわが国の中国古典詩の本からは一歩も二歩も抜け出した出色の詩書だとわたしには見える。見えるどころか、そういう特筆すべき本なのだと断言してもよい。これは無論天性の詩心の豊かさによるものだと思うが大人が若いときから中国の詩のみならず、ヨーロッパの詩にも深く関心を寄せ、東西の詩文に広く親しんだことによって詩眼を養われた部分も大きいのではないか。アメリカの大学で教鞭を取るなど、大人の英語力は凄い。高校時代に浜松市のエリート塾で英書をばりばりと読破させられたというだけあって、その英語力は端睨すべからざるものがある。大人の先輩であり、フランスの大学でフランス語で中国詩を講じたという先頃物故された興膳宏氏と同じく、大人のフランス語力も相当なものがある。中国文学の枠に閉じこもらず、早くからバシュラールに注目したり、京大の文学部助手時代に仏文科の授業に出て三好郁朗氏の講義を聴いたりと、大人のフランス文学への関心と目配りは若いときから旺盛かつ周到なものがあった。その方面へ進んでもすぐれた仕事をしたであろうことは間違いない。近著『中国の詩学』からも窺われるように、大人のヴァレリーへの関心も深いことがわかる。近著『中国古典文学の存亡』によって、大人の広く深い文学的教養がいかにして築かれたかが知られて興味深い。「梅檀は双葉より芳し」というが、それを目の当たりにする思いであった。

かつて元好問は「論詩」と題された詩の形による詩の評論の一編（其の十二）で、当時の詩人たちがすべて西崑体の詩人たちの作品を愛しながらも、それの注釈書を作る人がいないのを遺憾としたが、晩唐詩の代表格である李商隠の詩に関しては、川合大人により、わが国で中国よりもすぐれたその評解書が生まれたことを讃えたい。これはまさに「功業」と言うにふさわしい文業だと確信している。総じて詩の本というものはなんであれ世に読まれること少ないものだが、この画期的な『李商隠詩選』は文庫本の形で出たこともあり、かなり多くの読者の手に渡ったものと思われる。今後もさらに版を重ね、読み継がれることが切望される次第である。それにしても、これほどの瞠目に値する文業がなんの文学賞も受けなかったのは驚きである。創作詩であれば、さしたることのない詩集でも各種の賞を受賞しているというのに、わが国の詩を愛する人々にとっての貴重な贈り物と言ってよいこのようなすぐれた詩書が、古典詩の訳注であるからということで、詩の世界に生きる人たちの間で大きな評判を呼ぶことがなかったとすれば、残念というほかない。ここにも古典を顧みること少ない、近・現代偏重のわが国の文学のありかたが窺われると思うのだが、どうなのだろうか。

さてこの特筆すべき仕事をなしとげたのが、本朝における中国文学研究者として傑出した存在である川合康三大人である。その文名はこの国のみならず中国においても轟いているから、この高名な中国文学者の数々の研究業績について、一介の素人が今更云々するまでもない。中国でも反響を呼び翻訳された名著『中国の自伝文学』をはじめ、中国古典詩に関する数々の著作は夙に世に知られ、高く評価されているのは周知のとおりである。独創性豊かな近著『中国の詩学』は川合大人でなければ絶対に書けない本で、中国古典詩の特質というものを、この書ほど鮮やかに描き出した例をわたしはほかに知らない。この本は今後も中国文学研究の記念碑的著作として長く読み継がれることであろうし、そうあらねばならない。

ついでに古典詩回顧にかこつけて個人的なことを記すと、わたしがこの畏敬すべき中国文学者と初めて相見《まみ》えたのは、実に四〇数年前に、東北大学文学部の同僚としてであった。当時大人はまだ三〇歳そこその若さであったが、出遭った瞬間から直感でこの人物は只者ではないと感じた。その点に関してはわたしの眼力は狂ってはいなかった。その後の目覚ましい活躍がそれを裏付けている。大人の着任早々にさっそく研究室を訪ねて教えを請うたのだが、その時の閑談が契機となって、後に『中国のアルバ』なるユニークな著書が生まれたのは、うれしいことであった（この本の誕生に関しては、英文学の高田康成氏も一臂の力を添えられたと聞く）。

知遇を得て以来数十年、直接あるいは著書を通じて川合大人には教えを受けることが多く、大人はわたしにとって中国古典詩の師にほかならない（まことに迷惑千万な不肖の押しかけ弟子ではあるが）。そこで深甚なる敬意と親愛の情をこめて、大人に唐代の詩人皮日休をもじった皮《かわ》日《ひ》休三《きゅうぞう》なる綽名を奉ったのだが、これはさらにご迷惑なことであったろう。ふざけた狂詩戯文の徒を弟子にもった不運とあきらめていただくしかない。世にわたしほど大人の著作の熱心な読者はあるまいと自負しているので、それに免じて御赦し願うことにしよう。川合大人はわたしよりもかなり年少であるが、師たることに変わりなく、やはり先生と呼ぶのがふさわしい。よって以下先生と呼ばせていただく（若いときからの悪癖で、わたしは解憂のために「奸詩」、「姦詩」と称するふざけた一見漢詩風のものを作るのを趣味としているが、これに関しては川合先生の御指導は受けていない。先生の名誉のために言い添えておく。時に添削を受けるのは、前厦門大学教授で詩人の黄旭博士である。博士には迷惑千万ではあろうが、この大先生は昔の学生なのでそれに甘えてしばしば博士を煩わせているのである）。

　中国古典詩に関する数多くのすぐれた著作によって世に知られる川合先生ではあるが、まだやっていただかねばならぬ大きな仕事が残っている。それは先生による李商隠全詩の訳、註解、解説である。それに加えて高橋和巳氏の『詩人の運命』を超える李商隠詩論を一書としてまとめ、世に出していただきたい。先生が「中国で最も詩人らしい詩人」と呼ぶ李商隠は、先生によるその全貌の解明を待っている。わたしの見るところ、それができる人は川合先生を措いてほかにいない。その偉業は中国においてではなく、わが国においてまず先生によって成し遂げられるものと思うのである。

　すでに杜甫の詩の訳・注釈も無事成し遂げられたことであり（これまた感嘆すべき

立派なお仕事である。そこには先生独自の杜甫の新たな読みがある。この書で新たに杜甫の詩の魅力を発見する読者は少なからずいるものと思われる)、これだけはなんとしてでもやっていただきたいのである。そのような企画があると仄聞するが、残念ながらまだ実現を見るまでには至っていない。それに加えて、まとまった形での「李商隠詩論」も一書としてぜひとも書いていただきたい。『李商隠詩選』の巻末の「解説」は、先生のこの詩人への愛とその理解の程度の深さが群を抜いていることを物語っている。この解説では、中国古典詩における特異な存在である李商隠という詩人が、いかなる詩人であったかということが、独自の把握、理解に基いて明晰かつ味わい深い文章で展開されている。そこには思わずハッとするような鋭い指摘がいくつかなされていて、先生が深甚な学殖のみならず豊かな詩才、詩眼を備えた学者であることが知られるのである。この炯眼な「解説」をさらに押し広げ展開して、それを一冊の書物として世に問われることを切望せずにはいられない。傘寿を過ぎた老耄書客であるわたしなどよりはお若いとはいえ、先生もすでに「老書客」である。一日も早く着手していただかないと困る。先生は真摯な学究であると同時に名エッセイストでもある。余裕があったら、さらに文学エッセイも書いていただきたい。

それにしても久しく翰墨の風絶えて読書人が消え失せ、「スマホブンカ」一色で、至るところで老いも若きもスマホ片手に四六時中画面をつついている当節、まともな本、とりわけ詩書の上梓がますます困難になりつつあるのが、この「大日本低国」である。そんな国で川合康三訳注『李商隠全詩集』が出る日はいつ来るのだろうか。若い世代の本離れが進み、漢文教育の衰退によって漢詩を好んで読む人々の数も減っているようであるから、それが心配である。漢籍の知識が失われるということは、過去の日本人が築いてきた知的財産を失うことにほかならない。英語の勉強も結構だが、日本文化の遺産を受け継ぎ護ってゆくためにも、漢文教育をこれ以上衰退させてはならない。

そんな状況の中で、川合先生も現在中国文学研究が「四重苦」を背負わされ、存亡の危機に瀕していることを危惧しておられる。これに関しては、西洋古典研究も同様の運命にあり、もはや「絶滅危惧種」の文学研究になりつつあるのではないかと憂慮される。大学というところが「すぐに社会に役立つ」促成丁稚教育の場に成り下がった当節、洋の東西を問わず古典文学研究自体がもはや存亡の危機にある。いやそればかりか、人文科学そのものが存亡の危機に立たされている。目先の「業績」を上げるための研究の細分化、タコ壺化がそれに拍車をかけていなければ幸いである。いずれにせよ、浅薄な「スマホ文化」一色の「大日本低国」の将来は暗い。

それはともあれ、首尾よく先生の新たな大業が実現した暁には、生前の妄語の罪により六道地獄にいるであろうわたしは、その弟子を僭称する先師大田蜀山人先生と、手を取り合ってその実現を喜ぶほかなさそうである。それでもよい。不肖の押しかけ弟子が、草葉の陰ならぬ六道地獄の彼方から、先生のお仕事を見守っていることをお忘れいただかなければ、それで満足である。

字を識ることの憂い――蘇軾の詩にことよせて

岩波文庫版の『蘇東坡詩選』を初めてパラパラと開いていたとき、まず眼に飛び込んできたのは「人生識字憂患始」という詩句であった（韓愈もそうだが、蘇軾は文字への関心がとりわけ深かったように思われ、書をテーマにした詩がある）。宋代を代表する知的な詩人であり大知識人である蘇軾にしてかような詩句があるのは意外な感がしたが、川合康三大人の近著『中国古典文学の存亡』でそれについて触れた箇所があって、そこにはこの詩句について、

最初の一句には古典を身につけ官の地位を得た蘇軾が、それゆえに度重なる政争に巻き込まれて辛酸を嘗めた苦い思いが滲《にじ》み出ている。「字を識らず」庶民として生きていたら、こんな辛苦とは無縁であったろうに、との悔恨が垣間見える。士人という特権階級ゆえに厄災を余儀なくされたのだった。

と説かれている。過去の中国においては、文字を知り経書に通じている否かが士大夫

つまりは官僚にして支配層と、被支配層である庶人とを分かつメルクマールであった。あたかも中世ヨーロッパにおいて、ラテン語に通じていることが則ち知識人の証だったのと軌を一にしていると言ってよい。尤も、トルゥバドゥールなどを生んだ南仏などを除くと、支配階級に属する中世の騎士は大方は文盲であったから、字を識る者則ち支配階級という図式は中世ヨーロッパでは成り立たない。そこが文字の国たる中国とは異なるところだ。カール大帝でさえも七〇歳でラテン語を学ぶまでは、文盲であった。中国や日本には文盲、無筆の皇帝や天皇はいなかった。およそ学の無い成り上がり者の漢の高祖劉邦でさえも「大風歌」程度の詩は作れたのだから、やはり中国は文字の国である。ヨーロッパ全体にも匹敵するほどの広大な地に多くの異民族をかかえ、言語的にも多様で、たとえ中国語ではあっても、日常言語は地方が異なれば相互理解が不可能なほどことばが通じない中国を統一していたものは、実に文字の力にほかならない。それだけに中国の知識人が文字に寄せる関心の深さは一段と深いものがあった。書というものに精神性を認め、そこに人格の反映をも見るというのは、さすが文字の国ならではとの感が深い。王羲之を指す「書聖」などというものが存在したのも中国が文字の国だからであろう。書道にあたるものはアラビアやペルシアにもあるが、それは美的観点から鑑賞される芸術としてであって、そこに精神性や人格の反映を認めるということはないようである。文字の尊重ということに関して言えば、基本的に「耳の文化」であって弁論を重視し、文学とりわけ詩は口頭による発表、鑑賞を重んじた古代ギリシアなどとは、中国文化が大きく異なるところである。多くの著作を遺したプラトンが、文字はことばの影にすぎないと言って文字を軽んじているのは矛盾しているようにも思われるが、これはギリシアが「聴く」ことを重んじた「耳の文化」だったことの反映と考えられる。古典ギリシア語には「読む」ことを意味する本来の動詞が存在しないことは、象徴的である。「読書人」ということばがあった中国では重んじられた、「蔵書万巻」というようなこともギリシアでは問題にされなかった。そもそも読書という習慣自体が一般的ではなかったのである。エウリピデスが例外的に蔵書家だったと伝えられているが、そういう例は珍しい。本屋が存在し、読書という行為が広まったのはローマにおいてであった。そう言えばギリシアには「文学」を意味することばも存在しなかったが、ローマでは「文字（littera）」の複数形の litterae という語が「文学（作品）」を意味するということも、両文化における文学のあり方をおのずと物語っている。

蘇軾と同じ思いは、後に南宋を滅ぼそうとして侵攻してきたモンゴル軍に対して徹徹抗戦を主張し、元軍との平和交渉の折に囚われ、一度は脱出に成功するも再度捕えられ、帰順を迫られてもこれを断固拒否して死刑に処せられた剛毅な詩人文天祥によっても、こう詠われている。

遭逢辛苦起一經　　辛苦に遭逢《そうほう》するは一経《いっけい》より起こる

つまりは自分が苦難に満ちた人生を歩むことになったのも、もとはと言えば一冊の経書を読んで進士の試験に合格したことに始まる、というのである。事実、字を識らず、経書を読まずに庶民として生きていたならば官界に進むこともなく、元軍の侵攻による戦乱の世に翻弄されて辛苦を嘗め、最後は処刑されるという悲運にも遭わなかったはずである。だが実際には「読書人」として経学を学び官人となったがゆえに、苦難艱難に遭遇し、

山河破砕風飄絮　　山河破砕して風は絮を飄《ひるがえ》す
身世浮沈雨打萍　　身世は浮沈して　雨は萍《へい》を打つ

というような辛苦に満ちた生涯を送ることになったことへの後悔の念が右に引いた詩句に認められるように思われる。これは南宋の初めに蘇軾が洩らした「人生字を識るは憂患の始まり」という思いといみじくも一致するばかりか、官人にして詩人であった数多くの知識人たちが抱いた感慨、後悔でもあったろう。より時代が下った清朝の詩人で音韻学の大家、大学者段玉裁の孫である学者にして詩人龔自珍《きょうじちん》が、蘇軾の先の詩句を念頭に置いて、

危哉昔幾敗　危《あや》うい哉《かな》　昔《むかし》幾《ほと》んど敗《やぶ》れ
萬仞堕無垠　萬仞《ばんじん》　垠《かぎ》り無《な》きに堕《お》つ

不知有憂患　憂患《ゆうかん》有《あ》るを知《し》らず
文字焚其身　文字《もんじ》其《そ》の身《み》を焚《はん》す

つまりは「おもえば危うかった。わたしはすんでに失敗して、万仞の深淵をはてしもなく落ちてゆくところであった。人生の憂患を生む者とは知らず文字のとりこになった」（田中謙二訳）と詠じているが、これは蘇軾や文天祥の場合とは違って、清朝の時代に起きた「文字の獄」つまりは著述にかかわる言論弾圧に引っ掛かりそうな危うい目に遭うところだったことを言っているようである。

中国の詩人伝を読んで驚くことのひとつは、官人であったがゆえに、平穏無事にその一生を終えることができなかった詩人たちがあまりにも多いことである。官人として生涯を、刑死、獄死、政争に巻き込まれての殺人、自殺、追放、流謫、左遷など、何らかの憂き目を見ることなくして無事に終えた人物は少ない。挫折を知らずして順調に出世して宰相の地位にまで上った元稹や、生涯一度の左遷で済み、最後は刑部尚書（法務大臣）の地位まで上り詰めた白居易などはむしろ珍しいくらいなものである。

実際蘇軾の一生にしても、栄光と挫折、歓喜と悲哀がこもごも起こり、明と暗とが繰り返されたのが、その生涯であった。この詩人が生きたのは、あたかも王安石を中心とする新法党と蘇軾を中心とする旧法党とが政策を巡って苛烈な政争を繰り広げていた時代であった。その熾烈な政争、権力闘争の渦中にあって、蘇軾は順調に官位が進み、官人としての地位を固めつつあったが、皇帝が代わり新法党の天下となるや、事態は一転して彼は「朝政を誹謗した」との廉で捕縛されて獄につながれ、獄吏に迫害され、厳しく糾問されて一時は死刑は必至というほどの辛酸を嘗めたのであった。大后や元宰相の奔走、助命嘆願もあったが、最終的に彼の命を救ったのは政敵である王安石であった。政敵であり政策をめぐって激しく対立してはいたが、蘇軾の才能を高く評価していた王安石の「豈聖世にして才子を殺す者有らんや」という一言をもって事は決したという。幸いにも神宗の恩命によって死刑こそ免れたものの、待っていたのは罪人としての黄州への流罪の生活であり、みずから鋤鍬を取って田畑を耕さねばならぬほどの厳しい窮乏生活を強いられることとなった。

やがてまた皇帝が代わると世は旧法党の天下となり、名誉回復された蘇軾は再び官人の道を順調に進んで、翰林学士・知制誥《ちせいこう》から、ついには兵部尚書（国防大臣）、礼部尚書（文部大臣）を授けられるまでになった。だが高い地位は常に嫉みを生み、安泰ではない。ここで運命は暗転し、皇帝が代わって哲宗の治世となるや旧法党の人々は朝廷を追われて流罪となり、蘇軾は官位を剥奪されて嶺南の地にまずは流され、これでもまだ懲りぬかとばかりについには蛮族の棲む僻遠の地海南島にまで流されて苦難の日々を送ることとなったのである。その間、この詩人がいかなる苦難にも屈することなく、不撓不屈の強靭な精神をもって明朗快活にそれに耐え、詩筆を捨てることなくすぐれた詩文を生み出しているのは、驚嘆に値するものだ。

わが国の菅原道真は蘇軾と同じく学問の力によって累進し、ついには右大臣にまで任じられたが、天皇が代わると反道真派の策謀によって右大臣を罷免され、左遷されて太宰権師《だざいのごんのそち》として太宰府に貶謫され、悲惨な生活を送って、怨みを呑んでその地に果てた。運命の暗転によって栄光から奈落の底へと転落した点では、両人は同じだが、配所での道真の態度は蘇軾のそれとは異なり、その詩は流謫の身の悲痛な心境を反映している。その怨みは怨霊と化して彼を左遷した者たちを取り殺し、天皇にまで累が及んだとされたほどのものであったから、流人としての生き方においては、蘇軾とは大きな隔たりがある。怨霊の祟りを怖れられて死後神に祭られ、天神様になったぐらいでその憤怒《いかり》は収まるものではあるまい。

さて蘇軾はやがてまた皇帝が代わると、新・旧両党の和解策により赦されて、ようやく自由の身となり六六歳で没している。いずれにせよ字を識り、経書を学んで士大夫・官人となったことが、この偉大な詩人の生涯を栄光と悲惨のめまぐるしく交錯するものとしたのであった。蘇軾は自分が筆禍事件を起こしたことを悔いて、文筆活動が自分に災禍をもたらしたことを「平生文字吾が累を為す」と詠っているが、それはまさにこの詩人の実感だったであろう。だが蘇軾はついに最後まで詩人であって、その詩筆を捨てることはなかった。士大夫として朝政に携わることこそが男子の本懐であった中国の知識人らしく、彼は「文章は小技　安《いず》くんぞ程《のり》とする足らん」とも言っているが、果たして本音であろうか。心の中では文帝曹丕の言う「文章は経国の大業、不朽の盛事」と信じていたのではなかろうか。この傑出した詩人の詩業は官人の余技といったものでは決してないからだ。字を識ることは憂患の始まりというのは確かに事実でもあって、人は文字を知り知識を得ることによって、憂いや怒りを増すことがあるのは、『往生要集』に「智者の常に憂を懐くこと、獄中に囚はるるに如似《に》たり」とあるとおりで、旧約聖書の「伝道の書」にも、

夫《それ》智恵《ちえ》多《おほ》ければ憤激《いきどほり》多《おほ》し
知識《ちしき》を増《ま》す者《もの》は憂患《うれい》を増《ま》す

とある。これはウルガタ訳では、

Eo quod in multa sapientia multa sit indignatio;
Et qui addit scientiam addat et laborem.

となっている。右は一般的真理を言ったものであって、字面の上では蘇軾の詩句に似

たところはあるが、文字を識ることが官人・士大夫たることと同義であり、それゆえに憂患を蒙ることを言った蘇軾の詩句とはやはり意味合いが異なる。ちなみに先にその詩句を引いた清朝の詩人龔自珍には、いかにも文字の国中国ならではの、文字を詠ったこんな詩もある。

古人制字鬼夜泣
後人識字百憂集
我不畏鬼復不憂
霊文夜補秋燈碧

古人《こじん》　字を制《つく》りて鬼夜《きよる》に泣《な》く
後人《こうじん》　字を識《し》りて百憂《ひゃくゆう》集まる
我《われ》は鬼《き》を畏《おそ》れず復《ま》た憂《うれ》いず
霊文《れいぶん》　夜《よる》に補え秋燈碧《しゅうとうへき》たり

古人が字を作って鬼が夜泣くというのは、この詩の訳注者田中謙二氏によれば、「文字により天地の秘密が洩らされることを恐れたのであろう」ということであり、「後人云々」の句は、後の世の人々が「文字を知り学問することによって、さまざまの心配が集中することを恐れたのであろう」という意味だという。これは旧約聖書の「知識を増す者は憂患《うれい》を増す」に通ずる考え方だと言える。しかし詩人が後半の二句で「わたしはゆうれいを恐れず、憂愁もいだかない。秋の夜ふけに霊妙な文字を補足すると、灯し火がぶきみな青みどりの光を放つ」（田中謙二訳）と言っているのは、いかにも万巻の蔵書を有した清朝文字学者の気迫というかド根性を感じさせるもので興味深い。こういう詩が生まれたのも文字の国中国ならではとの感が深い。

最後に余計なことながら、暴帝ネロがある死刑囚の刑執行の署名をする際に、「ああ文字など知らねばよかった」ということばを吐いたと伝えられるが、さんざん人を勝手に殺し、妊娠中の自分の妻ポッパエアの腹まで蹴って殺してしまった男が、こんなことばを口にしたとは、お笑いぐさ以外のなにものでもない。

幼き日を想う西行の歌

どんな偉い人、偉大な人物にも幼い日はあった。世の尊崇を集めたり、一世の師表と仰がれたりした人物となると、その人が幼い時にどんな子供であったのか、いとけない幼年時代には何を感じ、どんな遊びをして過ごしていたのか、なかなか想像がつきにくいものである。栴檀は双葉より芳しとは言うが、一世の英雄、聖人、峻厳な宗教家、大思想家、大学者と雖も、子供時代はやはり子供であって、世の一般の子供たちとは隔絶した存在だったとは思いにくい。そういう人物も、幼いときには子供同士で無心に遊びたわむれていたこともあったに相違ない。その行動、ふるまいにしてもやはり子供のそれであったろう。仏道の奥義をきわめた高僧にしても、初めから悟っていたわけではあるまい。幼少年の時からやたらに学識があったり、妙に悟っていた

りしていた子供がいたら、薄気味わるいだろう。詩人にしてもやはりそうである。蘇軾の詩の一節に幼年時代を回想して

念為児童歳　念《おも》う　児童《じどう》為《た》る歳《とし》を
屈指已成昔　指《ゆび》を屈《くつ》すれば已《すで》に昔と成る
往時今何追　往時《おうじ》は　今《いま》　何《なん》ぞ追《お》わん
忽若箭已釋　忽《こつ》として箭《や》の已《すで》に釋《はな》つが若《ごと》し

とあって、詩人ならざる老骨たるわたしの共感を誘ってやまないものがある。自身のことを考えても、将来のことなどまったく考えずに毎日ただ遊び呆けていた子供時代、落ちこぼれ受験生としての暗い高校時代、学生運動に巻き込まれ激しく生きることを強いられた学生時代など、もはや遠い過去となった日々が、なつかしくまた時に悔恨の念をもってしきりに想い起こされる。子供の頃は戦後で食べてゆくことがやっとの時代だったので、親に勉強を強いられることもなく、毎日野山を駆け回って遊ぶことに夢中であった。そのせいかアタマは呆けたが脚だけはいまだに丈夫である。古い話だが、大学院の学生だった頃、夏休みに信州の生家を訪ねてきた先輩と一緒に裏山（と言っても高さ五〇〇メートルぐらいはある、かなり急峻な岩山である）を下駄履きで頂上まで登って、彼を驚かせたことがあった。貧しい暮らしではあったが、それなり

に平和だった子供時代はやはりなつかしい。

西行が若くして一朝突如として出家し、以後歌僧として漂泊の生涯を送り、数々の名歌を遺したことは誰しもが知るところだが、その西行にもやはり遠い昔、幼い日々を回顧した次のような歌が何首かあって、それがこの不世出の歌僧をいっそう慕わしい存在にしていると言ってよい。少なくともわたしにとってはそうである。出家以前の西行、俵藤太秀郷の末裔としての凛々しい北面の青年武士だった佐藤義清の面影は想像できるが、幼年時代の西行はなかなか想像がつきにくい。だが幸いにもこれから一瞥する幼年時代回顧の歌を遺してくれたので、漠然とながらその幼少時代が想像されるのである。「仏も昔は人なりき」ではないが、「西行も昔はうなゐ子なりき」で、その歌から人間西行の姿が浮かぶので、西行思慕の心は一層つのるばかりである。これは「人間不在」、「人間非在」の芸術至上主義の歌人藤原定家などの歌からは、絶対に得られない読書体験だと言える。

幼年時代回顧の歌は、いずれも『山家集』ではなく『聞書集』の中に一三首連作として見られる一連の歌である。それをまず掲げよう。そのうちの何首かを取り上げて、寸感を述べてみたい。

うなゐ子がすさみに鳴《な》らす麦笛《むぎぶえ》の声におどろく夏の昼臥《ひるぶ》し
昔かな炒粉《いりこ》かけとかせしことよあこめの袖に玉襷《たまだすき》して

竹馬《たけむま》を杖にも今日《けふ》は頼むかな童遊《わらはあそび》を思ひ出《い》でつつ
昔せし隠れ遊びになりなばや片隅もとに寄り臥せりつつ
篠ためて雀弓《すずめゆみ》張《は》る男《を》の童額《わらはひたひ》ゑぼしの欲しげなるかな
我もさぞ庭のいさごの土遊《つちあそ》びさて生《お》ひ立てる身にこそありけれ
高尾寺《たかをでら》あはれなりけるつとめかなやすらい花と鼓《つづみ》打つなり
いたきかな菖蒲かぶりの茅巻《ちまき》馬はうなゐ童《わらは》のしわざとおぼえて
入相《いりあひ》のおとのみならず山寺は文読む声もあはれなりけり
恋しきをたはぶれられしそのかみのいはけなかりし折の心は
石などの玉の落ちくる程《ほど》なさに過ぐる月日は変わりやはする
いまゆらも小網《さで》にかかれるいささめのいさ又しらず恋ざめの世や
ぬなは這《は》ふ池に沈める立石《たていし》のたてたることもなきみぎはかな

右に引いた歌の中には一三首目の歌のように、幼時回顧とは言えない述懐歌もあり、一二首目の「いまゆらも」の歌のように、その意味がはっきりしない難解歌もあるが、ここでは老法師となった西行が、その幼年時代を回顧したことがはっきりとわかり、遠く過ぎ去った幼き日々を回想した歌のみを瞥見してみたい。歌の評釈をするのではなく、それらの歌についての所感を手短に述べてみようというのである。

まず最初の歌、

うなゐ子がすさみに鳴《な》らす麦笛《むぎぶえ》の声におどろく夏の昼臥《ひるぶ》し

だが、この歌が詠まれたのは、西行が奥州への旅の後に再度嵯峨に住んでいた頃だというが、確かではないとされている。この一首から浮かぶのは、西行が旅(これはちょっとした小旅行をも言う)に出て、夏の暑さを避けるため涼しい木陰で午睡していると、垂髪の幼い子が気ままに吹き鳴らす麦笛の音の大きさに驚いて眼を覚まし、そこからしばし己が幼時の回想へと入ってゆく情景である。西行は庵の中にいて、間近に麦笛の音を聞いたとも考えられるが、その音を耳にしたのは庵の中ではなく、近くに麦畑のある洛外のどこかであろう。子供がそのあたりの麦畑から抜いた麦の茎でこしらえた麦笛の音の大きさに驚いて眼を覚ました老法師が、それを耳にして、「ああ、そうであった。自分も幼子のときにはこんな遊びをしたものだ」という回想へと誘われ、現前の情景と自身の幼年時代を重ね合わせているのが読み取れる。何の衒いも技巧もなく直截に詠われた右の歌から、頼朝に詠歌の奥義を問われて、

詠歌《えいが》は花月に対して感を動かすの折節《おりふし》、わづかに三十一文字《みそひともじ》を作るばかりなり。全く奥旨《おうし》を知らず。

と嘯いている、右の発言から、こういう形で作歌という行為をとらえている偉大なアマチュア歌人西行の人間像が浮かび上がってくると思うのは、わたしひとりではあるまい。そこからさらに幼時の回想へと入って、次の歌、

昔かな炒粉《いりこ》かけとかせしことよあこめの袖に玉襷《たまだすき》して

という、幼いときに襷《たすき》掛けをして、おやつに「炒粉」を作って食べた自身の愛らしい姿を歌った歌が生まれている。これは何の解釈も要しない素直な歌である。そこからさらに回想は進んで、

竹馬《たけむま》を杖にも今日《けふ》は頼むかな童遊《わらはあそび》を思ひ出《い》でつつ

という、無心に竹馬で遊んだ幼時の想い出と、老いての感慨とがないまざった歌が続く。子供時代に竹馬（これは絵巻物に描かれているように、葉のついたままの竹の枝に跨って走り回る遊びであった）遊びをしたことを想い出し、それが今では竹を杖につく身となったという、幼時回想と嘆老が重なり合った歌で、「人間西行」の体臭を感じさせずにはおかない、これも先の歌と同じく、素直な歌いぶりだが、それだけに現代の読者の胸に訴えかけるところが大きい。ここには良寛の歌に通じるものが確か

にある。四首目の

昔せし隠れ遊びになりなばや片隅もとに寄り臥せりつつ

という歌は下の句の解釈が割れていて少々厄介である。これを子供たちが眼前でかくれんぼをしていて、物陰に寄り伏している様子を詠った嘱目の詠とする説と、純粋な回想で、作者自身が「草庵の中で物に寄りかかっていながら」と解する説とがあるが、わたしとしては前者の解釈を採りたい。西行は良寛ではないから、みずから子供たちに混じってかくれんぼ遊びをすることはなかったろうが、童心は失っていなかった。この素朴単純な一首に、過ぎし遠い昔を偲ぶ心と、遊びに夢中だった幼い日々の回想と老骨となった現在の心境、「昔を今になすよしもがな」という願いや感慨が、みごとに融合しているのが読み取れる。好ましい歌だと思う。『梁塵秘抄』のよく知られた歌謡、

遊《あそ》びをせんとや生《む》まれけむ戯《たわぶ》れせんとや生《む》まれけむ、
遊《あそ》ぶ子供《こども》の聲《こえ》きけば、我《わ》が身《み》さへこそ動《ゆる》がるれ。

に歌われているのは、老法師となった西行自身の思いでもあったことを、右の歌は物

語っている。こういう歌を詠みえたことが、西行を新古今歌人の中では独り異質の歌人としているのだと言ってよい。再度強調したいのは、ここにも垣間見える一個のアマチュア歌人としての西行の偉大さである。幼時回顧の歌をもう一首瞥見してみよう。

我もさぞ庭のいさごの土遊《つちあそ》びさて生《お》ひ立てる身にこそありけれ

「さぞ」つまりは「そんなふうに」とあるから、これは嘱目の光景かもしれないが作者の脳裏での純然たる回想の中の光景かとも考えられる。特に技巧を凝らしたり複雑な表現に拠ることなく、幼時を回想して、「私もあんな風に庭で土遊びをして老い育ったものだったなあ」という感慨を吐露した一首であり、老年者が幼時をなつかしむ気持ちが素直に表出されていて、実によい。

最後に、みずからの幼き日の恋の痛みを詠ったこんな歌を一瞥してみよう。

恋しきをたはぶれられしそのかみのいはけなかりし折の心は

まだ幼かった子供時代、おそらくはかなり年長であったろうと想像される女性に寄せる恋心を察知され、「あら、坊や、あたしのことが好きなのね。ませてるわね」といった具合に、幼いなりに純真で真剣な恋心を冗談としてあしらわれて味わった羞恥を、遠い日の恋の痛みとして追想した歌で、人間西行の姿がまざまざと感得される一首である。「そのかみのいはけなかりし折の心は」という、幼年時代に味わった心の痛みを表白した下の句に万感の思いがこもっていて、なんとも味わい深い歌である。この歌を詠んだ折に西行の脳裏には、あるいは母に近い齢だったかもしれないその女性の面影が浮かんでいたかもしれない。実らなかった恋というにはあまりに幼い頃の恋をこんな風に詠った例はほかにないのではなかろうか。

月と花の歌人西行は恋の歌の名手でもあり、恋を詠った少なからぬ秀歌を詠んでいる。たとえば、

知らざりき雲井のよそに見し月の影《かげ》を袂《たもと》に宿《やど》すべしとは

弓張《ゆみはり》の月にはづれて見し影のやさしかりしはいつかは忘れん

面影《おもかげ》の忘《わす》らるまじき別《わかれ》かな名残《なごり》を人の月にとどめて

といった、若き日に高貴な女性に恋した記憶を背景にもつと見られるすぐれた恋の歌がそれである。古来西行出家の動機に関してはさまざまな伝承があるが、なかには彼の出家は、上臈相手のかなわぬ恋ゆえだとする伝承もあった。事実かどうかはわからないが、『源平盛衰記』は、「そもそも西行発心の起りを尋ぬれば、源は恋ゆえとぞ承けたまはる」とその悲恋伝説を伝えている。実感あふれる西行の恋の歌自体が、そう

いう伝承を生んだのである。想像するに身分違いゆえにその恋は実ることなく終わり、出家後も忘れがたい想い出として長くこの歌僧の胸にとどまっていたのであろう。恋を巧みに詠ってはいるが実感の乏しい慈円の歌などとは異なり、右の歌にかぎらず西行の恋の歌は常に真摯な響きを宿している。その西行が遠い昔の幼き日に抱いた恋心を追想した右のような歌を遺していることで、彼の人間像がより慕わしいものとしてわれわれの眼に映るのである。西行の歌がもつ魅力は、芸術至上主義者であった定家の歌のように、その純粋な芸術性にあるのではない。そういう歌を生み出した「人間西行」の姿がそこに鮮やかに浮び出ているところが、われわれ後世の読者を曳きつけてやまないのである。

伝一休作の狂詩管見

わが国の中世文化創造の時代であると同時に未曽有の動乱の時代、乱世にしてほとんど狂気の時代であった室町時代に、一介の野僧として地を這うようにして民衆とともに生き抜いた一休宗純なる傑僧がいたことは、日本人の誰もが知るところである。世に「とんち小坊主一休さん」として広く知られるこの人物は、その実矛盾のかたまりであって、その正体は容易には捉えがたい。この一種天才的な奇僧が禅者である以上に、本質的には詩人であったことを知る人は案外少ないし、その恐ろしくユニークな詩作品を読んだ人となるとさらに少ない。そんなことを知って、一介の素人、まったくの門外漢の身で、詩人としての一休の一面を描いてみようと『表現者としての一休―「恋法師一休」の艶詩・愛の詩を読む』なる小著を書いたのだが、これは失敗作であった。傘寿を越して「もう後がない」という焦慮に駆られて猛スピードで一気に書いたため、記憶違いによる誤記をはじめ杜撰なところが随所に見られる恥ずかしい本になってしまい、慚愧の念に耐えない。元来の粗忽者が老人性痴呆症の症状を呈してからものした本であるから、見苦しいこと甚だしい。いまさら後悔してももう遅いが、性懲りもなく、ここでは一休の名のもとに伝わる狂詩について贅言を費やすことにするが、恥の上塗りになることを懼れるばかりである。大学の先輩である畏敬すべき漫画家の東海林さだお氏の名言によると、出してはいけない、いけないと思いつつも、つい出してしまうのが男の悲しい性《さが》なのだそうで、己が行状を顧みるとこれが至言なることが知られるのである。

さて一休だが、この奇僧は後小松帝の第一皇子として生まれながらも、足利義満の意向によって早くから禅寺へ追いやられ、苛酷な修行に耐えて禅の奥旨を極め、臨済禅の正系を継ぎ、後には大徳寺住持にまで出世した名高い禅匠であった。「紫野の一休和尚」としてその名は広く知られ、上は天皇から下は下層民に至るまで多くの人々の尊崇の的であった。その一方で稀代の破戒僧として、不飲受戒《ふおんじゅかい》は無論のこと、女犯《にょぼん》の戒も妄語戒もなんのその、戒律などは蹴ころがし踏み破り、酒肆婬坊に出入しては飲酒女色に耽り、男色を楽しみ、数々の奇行によって世人を驚かせ、まさに風狂とし か言いようのない生きざまを貫いたのが、この破天荒な怪物的大和尚、怪僧であった。

しかも詩に関心のある者にとって看過できないのは、この破戒僧である大和尚が、みずからの破戒無残な所業をことさらに揚言誇示した『狂雲集』なる漢詩集（詩偈集）を遺していることである。この風狂僧が後世に遺した、全編性の匂いが立ち込め、女人が色濃く影を落としている世にもユニークな詩集と、その作者つまりは詩人としての一休については、恥ずべき近著『表現者としての一休』で私見を縷々述べたので、ここでは繰り返さない。またみずから「大妖怪」、「風狂の狂客」と称したこの風狂僧の相貌については、これも近著『風狂と遊戯《ゆげ》─閑に読む一休と良寛』で所見を披歴したので、関心のある向きはそれを御覧いただければ幸いである。

いまここでとりあげて一瞥したいのは、右の二冊の前著ではごくわずかしかふれられなかった伝一休作の狂詩である。一休は禅者であると同時に、実はそれ以上に詩人・文学者であって、『狂雲集』のほかに『一休骸骨』、『一休水鏡』、『阿弥陀裸物語』その他の作品があり、仏法の奥義を歌に託した「一休道歌」などもある。道歌は一休の真作ばかりではなく、江戸時代に作られた『一休咄』、『一休諸国物語』などに含まれる後人の作も混じっており、真作かどうかは定かではないが次のような歌は比較的世に知られていると言えよう。

門松は冥途の旅の一里塚馬籠もなく泊まり屋もなし
有露路《うろじ》より無露路《むろじ》へ帰る一休《ひとやす》み雨降らば降れ風吹かば吹け
生まれては死ぬるなりけり押しなべて釈迦も達磨も猫も杓子も
釈迦といふいたづら者が世に出《いで》て多くの人を迷はするかな
九年まで坐禅するこそ地獄なれ虚空の土となれるその身を

率直に言って、反常識的、反通俗仏教的なこういった道歌は、仮に一休の真作だとしても、そこに風狂僧としての一面は認められるものの、文学者一休の真面目を伝える作ではないし、文学的な価値もまた乏しいと言わざるをえない。文学者・詩人一休の貌を窺うためには、やはり一休が詩人・禅者としてのすべてを投じた『狂雲集』を覗かねばならない。それに関しては拙著『表現者としての一休』に譲るとして、以下一休の名のもとに伝わる狂詩を何編かとりあげて眺めてみたい。一休の真作かどうかは疑わしい作の方が多いのだが、その作風や出来栄えから推して、わずかながら一休ほどの詩才と機知がなければ、こんな狂詩は作れまいと思わせる作もあって、それなりに興味深いのである。漢詩人として一休の腕前は、本朝随一の中国文学者皮日休三《きゅうぞう》先生が、「一休の作品だけあってイッキュウ（一級）品である」と太鼓判を押したほどのものであって、その詩才の片鱗が狂詩にもほの見えると言ってよい。

まずは三十数編ある狂詩の中から、比較的面白そうな作を三編引いてみよう。以下に見る狂詩は、いずれも江戸時代に作られた『一休咄』、『一休諸国物語』に見出されるものである（引用は『一休和尚全集』（春秋社、二〇一〇年）第五巻からによる。読み下しはわたしによるものである）。

虱　　　　　　　　　　虱《しらみ》

独臥寒衾患幾千　　　　独り臥す寒衾　患い幾千ぞ、
余身貧極有誰憐　　　　我が身の貧は極まれども誰あってか憐れまん。
夜深依被半風食　　　　夜深くして半風に食わるるに依って、
天到暁鐘未作眠　　　　天、暁に到れども未だ眠るを作《な》さず

これは「虱」を「半風」と言ったこと以外にはさして面白くもないが、蚤を詠じた次の狂詩はなかなかよくできている。

蚤　　　　　　　　　　蚤

垢耶塵耶是何物　　垢か塵か　是《こ》れ何物ぞ
元来見来更無骨　　元来　見来れば　更に骨無し
雖為人喰十分肥　　人を喰らいて　十分に肥えたりと雖も
痩僧一捻没生涯　　痩僧《そうそう》一捻《ひとひねり》せば　生涯を没せん

右の狂詩はかなりの出来栄えで、最後の一句がパンチが効いていておもしろい。蚤の命を「生涯」と言ったところに、なんとも言えないおかしみがある。

賛大黒天　　大黒天に賛す
大黒尊天其面黔　　大黒尊天《だいこくそんてん》其の面《つら》は黔《くろ》し、
諸人信仰置棚陰　　諸人信仰して棚陰に置く。
平生愛鼠是何事　　平生鼠を愛す　是《こ》れ何事ぞ、
足下米嚢無用心　　足下の米嚢《べいのう》　無用心

「足下の米袋が無用心だ」というのは、いつ鼠に食い荒らされるかわからないからだというが、この狂詩はさしておもしろくもおかしくもない。滑稽、諧謔という点では、「寝惚先生」こと、我が先師大田蜀山人先生の作の方が優っていることは確かだ。

そういう狂詩の中で、これぞ全体に色っぽく、性の匂いが色濃く立ち込めている『狂雲集』の作者「夢閨」こと一休ならではの作だと思わせる、次のような狂詩があって、そこから稀代の破戒僧一休の横顔が窺えるのである。一休研究の某先達が「色情狂的なところがある」と評した和尚の筆になる作だけあって、『狂雲集』自体にも「淫詩」と言わざるをえない詩も何編かあるのだが、次に引く狂詩四編はいずれも男女の性器に関わるもので、「夢閨」和尚の関心が那辺にあったか窺われるように思われるのである。川の中で水浴している女を見た和尚が、手を合わせてその女の玉門を拝したという話が伝わっているが、

女をば法《のり》の御蔵《みくら》といふぞげに釈迦も達磨も出《い》づる玉門

という歌を詠んだ（とされている）一休和尚ならば、そういう行為があったとしても不思議ではない。「女姦、邪路、仏も扶け難し」と嘯いて色街に出入して女色を楽しんだばかりか、晩年七八歳で森女という名の瞽女《ごぜ》と知り合い、彼女を愛人として一〇年にわたって爛れるような性愛生活を送り、その愛の歓喜を『狂雲集』の眼目、その精髄と評される一連の詩に赤裸々に詠じたのが、このおよそ仏者、禅者らしくない大

和尚であった。森女との性愛の快楽を詠い、性器接吻を描いた「美女の淫水を吸う」というような詩もあり、「夢閨の美妾、黄金の穴」といった露骨な表現が見られる「淫詩」に類する作もある。ともあれ生涯を通じてのその女体思慕は強烈なものがあった。この坊さんがおおらかな性愛の賛美者であったことを考えれば、その筆の下から次のような性にまつわる狂詩が生まれたとしても大いに理解できる。この二編は『一休和尚全集』第五巻から飯塚大展氏の読み下しと訳文をお借りして引くことにしたい。

女陰

元来有口更無言
百億気頭擁丸痕
一切衆生迷途所
十万諸仏出身門

女陰

元来口《くち》有り、さらにもの言ふこと無し、
百億毛頭　丸痕《がんこん》を擁す。
一切衆生　迷途《めいど》の所
十万の諸仏　出身の門

女陰

生まれながらに物言わぬ口がある、
あまたの毛におおわれて丸いあながある。
あらゆる凡夫のおちいる所（地獄に堕する所）、
十万三世の諸仏もそこから出た門だ（人は皆母親から生まれる
という意味で、諸仏が生まれる玄妙の門）。

題淫門

両脚山中有小池
東西南北草離離
無風白浪起烟波
一目朱龍出入時

淫門《いんもん》に題《だい》す

両脚山中《りょうきゃくさんちゅう》小池《しょうち》有《あ》り、
東西南北《とうざいなんぼく》草《くさ》離離《りり》。
風《かぜ》無《な》きに白浪《しらなみ》烟波《えんぱ》を起《お》こす
一目《いちもく》の朱龍出入《しゅつにゅう》の時《とき》。

女陰に題す

両脚の（付け根のこんもりとした）山の中に小さな池がある、
その中の四方には草が茂っている。
風もないのに白波がとめどなくわき起こる、
それはまさしく隻眼の朱い龍が出入する時なのだ。

この二編はひねりが効いていて、実によくできている。特に二首目の作が傑作である。洒脱にして諧謔味たっぷりで、隠微な猥褻感がなく、それでいて人の頤を解かしめるに十分であって、作者に相当の機知と詩才がなくてはこういう狂詩は作れない。『一休咄』に載っているところからすると、あるいは江戸時代の才人の作かとも思われるが、やはり女人や女体に異常なまでに執着し、性愛を美しいものとして肯定した一休和尚の真作だと考えたいところだ。

みずから「恋法師」と名乗り、「夢閨」と号したこの和尚は、女色のみならず男色をも好み、それを詠った詩が『狂雲集』には何編も見られる。この詩もやはり「一目の朱龍出入時」という結句が巧みである。

江戸時代に書かれた『一休関東咄』には、「一休衆道ぐるひの事」という話が載っているが、実際一休は女色のみならずまた男色をも楽しんだ。和尚みずからそれを「夢裡平生、男色の愁い」と言い、「女色の多情に勇巴《ゆうは》を加う」と言っているとおり、『狂雲集』には男色を詠じた何編もの詩がある。女人禁制の仏門、禅寺では「喝食《かつじき》」と呼ばれた、有髪で華美な衣装をまとい化粧した少年たちがおり、僧侶たちの性愛の対象だったから、一休に男色、稚児愛を詠った詩があったとしてもなんの不思議もない。

次に引く二編の狂詩は、男色というよりは男根そのものをおもしろおかしく詠った作である。両編とも作者の奇才を強く感じさせる作であり、こういう気の利いた狂詩も相当の詩才がないと作れない。やはり性愛をテーマにした詩を好んで賦した破戒の大和尚の真作と見てよいのではないか。これも『全集』の飯塚大展氏の読み下しと訳をお借りして引く。

男根

一生忍衆動焦身
八寸推根尚勝人
入道修行若時事
須臾老去皮頭巾

男根

一生衆《しゅ》に忍んで動《やや》もすれば身を焦《こが》す、
八寸根を推して尚《なお》人に勝《まさ》れり。
入道の修行、若き時の事、
須臾追い去つて皮頭巾《かわずきん》。

男根

一生の間表に出ることなく、時として身をこがす、
八寸の根を押さえつけてもさらに人にまさっている。
その道に入ることは若き日の出来事、
すぐに老いぼれて皮頭巾（役たたず）。

題男根

我此貪裸八寸強
夜来抱汝臥空床
一生不触美人手
犢鼻褌中日月長

男根に題す

我此《わがこ》の貪裸《たんら》八寸《はっすん》強、
夜来汝《やらいなんじ》を抱《だ》いて空床《くうしょう》に臥《ふ》す。
一生美人《いっしょうびじん》の手《て》を触《ふ》れず、
犢鼻褌中日月《とくびこんちゅうじつげつ》長し。

男根に題す

わたしのペニスは長さ八寸にしてたくましい、
一晩中おまえを抱いて独り寝をかこつ。

生涯一度として美人の手に触れることもなく、
舌帯の下に隠れて虚しく時を過ごす。

これは敢えて詳解を要しない。読んでかくの如しだが、興味深いのは、稀代の風狂僧であった一休和尚という桁外れの人物が、狂気と創造の時代である室町時代にいて、こんな狂詩を作ったということである。それが江戸時代の銅脈先生や蜀山人のような俗界の人物ではなく、一方で峻厳な禅匠として世に聞こえていた仏者によって書かれ、周囲の人々に笑いを供していたところが、わたしの関心を惹くのである。屁成・零和の世に生きる狂詩・戯文作者として、以前わたしも一休和尚の真似をしてこんな狂詩を作ってみたが、やはり天才と凡才の力量は隔絶していることを痛感した次第であった。

遊楚楚渓谷　　楚楚《そそ》渓谷に遊ぶ

下草離離阜峡谷有　　草離離たる阜《おか》を下れば峡谷有り、
渓中温水時激迸流　　渓中温水時に迸《ほとばし》り流る。

朱色双峰亦高隆起
陽根先生好此處遊

朱色の双峰亦《ま》た高く隆起す、
陽根《ようこん》先生好んで此処に遊ぶ。

訪観音堂

観音堂を訪う

漫歩小丘分叢林
隻眼奇僧推朱門
堂内潺湲甘泉湧
浴了坊主拝観音

小丘を漫歩して　叢林を分く、
隻眼の奇僧　朱門を推す。
堂内潺湲《せんかん》と　甘泉湧く、
浴し了《おわ》って　坊主観音を拝む。

詩人としての一休のある側面を伝えている可能性のあるのが右に一瞥した狂詩だが、江戸時代に江戸の大田蜀山人、京の銅脈先生の二大家を中心に一時期大流行を見た狂詩は、今日は完全に亡びた文学である。今日では江戸文学の専門家以外に誰もさような作品は見向きもしないし、世の人々の間で漢詩の教養が失われたこともあって、狂詩作者などいう者も地を払っていなくなった。一世を風靡したそんな滑稽文学が、かつてこの国に存在したことすらもはや忘れられていると言ってよい。今日の日本で、滅びてしまったそんな過去の文学に執着し、「枯骨閑人」だの「恍惚惨人」だのといった、たわけた戯号を名乗ってたわけた狂詩まがいのものを作っている男は、時代錯誤の阿呆である。

江戸の女流漢詩人たち―古典語で詩作するということ

二〇二一年に岩波文庫で出た揖斐高編訳『江戸漢詩選』（上下巻）は、わたしには興味深くありがたい本であった。その理由のひとつは、ここにはわたしがそれまで名前しか知らなかった、あるいはその存在そのものを知らなかった何人かの女流漢詩人の作品が収められていて、これによって初めて彼女たちの詩を読むことができたからである。

大昔江戸漢詩についての御講義を拝聴した先師富士川英郎先生の『江戸後期の詩人たち』には「閨秀詩人たち」という章があって、そこには先に江馬細香をあつかった箇所でふれた原采蘋、梁川紅蘭両女史のほかに、山本北山の妻細桃女史、弟子大崎文姫、儒者太田錦城の娘である蘭香女史、儒者亀井昭陽の娘亀井小琴女史といった女流詩人が紹介され、その詩風などが評されている。わたしが実際に江戸女流漢詩人の作品を読んだのは、右の富士川先生の書に載っていた詩人たちのごくわずかな詩と、一九九五年に岩波書店から出た『江戸漢詩選』第三巻（女流）に収められた江馬細香、原采蘋、梁川紅蘭の三詩人の代表作とされる主要な詩と、門玲子氏の『江戸女流文学の発見―光ある身こそくるしき思ひなれ』で紹介されている立花玉蘭、片山九畹、その学問ゆえに女流博士と呼ばれたという富岡吟松、津田（横山）蘭蝶、高橋玉蕉、篠田雲鳳など一〇人の詩人の詩のみであった。揖斐氏編訳の『江戸漢詩選』には、これらの詩人たちの作品のほかに井上通女、わずか一二歳で最初の女流個人詩集を出したという内田桃仙、それに多田季婉、俳人としても知られる田上菊舎、京都の妓女で柏木如亭と恋仲であった長玉僊、横山蘭畹といった詩人たちの詩も収められており、これで江戸時代の主な女流詩人の作品は、少なくとも一編ずつは覗いたことになる。門氏の書によれば、江戸時代には以上の女性たちのほかにも漢詩を善くした女性たちが何人かいたとのことである。また、わたし自身は未見だが、明治時代に入ってから（明治一三年）刊行された『日本閨媛吟藻』（上下巻）には、五十四人もの女流漢詩人の作が収められているという。これはつまり近世から明治初期の日本の女性たちにとって、漢詩を作り、漢詩を自己の情感や感性、詩想の表現とすることは、決して稀に見る例外的な文学現象ではなかったということである。さらには清朝の碩学兪越（兪曲園）が編んだ日本人による漢詩集『東瀛《とうえい》詩選』にも「閨秀」の部に女流詩人三十四人の作が載っており、いずれも高い評価を受けているという。漢詩を作った女性たちは、上記の詩選集にその作品が収められている人々に限られていたというわけではあるまい。その背後には、収録から洩れた相当数の女性がいたことが想像される。

このことは看過できない、と言うよりもわが国における女性と文学の関わりを考える上で大きな意味をもつものと、わたしには思われる。なぜならこれはこの後でふれるように、古代ローマから近代に至るまでのヨーロッパの女性詩人で、ラテン語で詩作した女性がほとんど絶無だったという事実と、著しい対照をなしているからである。中世以来近代までのヨーロッパ人にとって、ラテン語は東アジア世界における漢文すなわち古典中国語と同じ役割を果たしていた言語であった。それはヨーロッパ世界における lingua franca であり、学問の言語であり、また汎ヨーロッパ的な文学の言語でもあった。その点で中国を中心とする日本、朝鮮、ベトナムなど東アジア世界において漢文が果たしていた役割と軌を一にするといってよい（敢えて相違点を挙げれば、中世以後ラテン語が母語とする者なき言語だったのに対して、「漢語」は中国人が意識的に学びまた保持してきた文語、文学言語だったということである）。

その一端として、わが国でも『懐風藻』以来明治時代に到るまで、数多くの人々が漢詩制作に従い、また詩人としての名を得てきたのであった。しかも注目すべきことは、その中に少なからぬ女流漢詩人がいたということである。この事実は注目に値しまた特筆すべきことであるはずだが、存外に軽く見られてきたのではなかろうか。それを物語るのが戦前に出た伊藤信の次の書の一節である。

大正一四年（一九二五年）つまりは今からほぼ一世紀前に世に出た、伊藤信という人物が著した『梁川星巖翁』という大著がある。そこでは紫式部、清少納言に代表される王朝女流文学以来、女性の手になる文学が世界でも稀に見るほど隆盛を極め、女性が文学の重要な担い手であったわが国において、漢詩の分野のみはその例外であって、漢詩は男子の専有物であり、あたかも女流漢詩人は無きにひとしかったことが、次のように説かれ強調されている。

> 我が邦、漢文學の壇は古来専ら男子のみの領有するところにして、女性は全く之に與らず。他の國文學の方面に於ては、紫・清二家を初めとし、卓偉なる名媛才女を出せるに係らず。**漢文に嫺ひ漢詩を善くするが如き女性に至っては、未だ曾て一人の之ある無し**。唯、年所遥遠なる往古に在りては、嵯峨天皇の皇女有智子内親王が詩を賦し給ひしことあると、近代に於て頼山陽門下の江馬細香、原古處の女采蘋、龜井昭陽の女小琴等二三の閨秀を出せるの外、寥寥として傳ふる所無し。我が紅蘭女史が詩に巧に、畫を善くし、兼ねて儒學に通じたるが如き、最も珍とすべき也。（太字―引用者）

いかにも伊藤氏の言うとおり、漢学者を父にもち中宮彰子に『白氏文集』を進講したほどの漢学の才があった紫式部にしても、和歌は残しているが彼女の作とされる漢詩は伝わってはいない。女房仲間から『日本紀の御局』などと陰口をたたかれていた彼女は、むしろ漢籍に通じていることを知られるのを嫌っていたから、それも当然かもしれないが。また文章博士大江匡衡を夫にもった赤染衛門も、漢詩は作らなかった（それとは逆に、やや時代は下るが新古今を代表する歌人藤原定家は、和歌のほか漢詩も作っており、それを見ると漢詩も決して下手ではなかったことがわかる。この国では男子たる者歌人と雖も漢籍に通じているところを見せないと、業平のように「体貌閑麗なれどもほぼ無学」などと言われてしまうのである）。

だが江戸時代以前にも女性の漢詩人がいなかったわけではない。漢詩文を中心とした絢爛たる文学の華が開花し『経国集』、『凌雲集』、『文華秀麗集』といった勅撰漢詩集が相次いで出た平安初期には、伊藤氏も言及している有智子内親王のほかにも、漢詩を賦した女性たちはいた。自身すぐれた漢詩人であった嵯峨天皇の皇女である有智子内親王は、王朝時代随一の女流漢詩人と目され、ほかにも『文華秀麗集』に詩を留める姫大伴氏、嵯峨天皇の宮女であったと推測され、『経国集』に三首を収める惟氏がおり、その詩才は有智子内親王によく拮抗するものとされている。またこれらの女流漢詩人たちの詩才は、同時代の男性詩人たちに比して劣るものではないとも評されているから、その存在は無視できるものではないはずである。確かに仮名文字の使用による女流文学の黄金時代だった平安中期以後は、江戸時代まで和歌を詠んだ女性はあまたいたが、女性漢詩人は実質的には姿を消している。しかしその伝統が途絶えたわけではないことは、江戸時代が数多くの女流詩人を輩出したことからも明らかである。

こういう事実に鑑みると、右に引いた伊藤氏の「漢文に嫻ひ漢詩を善くするが如き女性に至っては、未だ曾て一人の之ある無し」などという断言は、どう見ても誇張であり認識不足である。だがこういう見解は従来通念として根強くあったし、今日でもなお完全に払拭されたとは言い難いのではなかろうか。その実、「男子は漢文、女子は和文、男は漢詩、女は和歌」というような単純な図式は、わが国の詩歌に関しては通じないし、その実態を正確に反映しているわけでもない。それどころか江戸の詩人井上通女は、「書懐」と題する詩の中で、

誰謂弄文非我事　　誰か謂《い》ふ弄文《ろうぶん》は我《わ》が事《こと》に非《あら》ずと
二南半是婦人詩　　二南《になん》　半《なか》ばは是《こ》れ婦人の詩

「詩を作ることは女である私の仕事ではないと、いったい誰が言うのですか。『詩興』の召南・周南の詩の半分は女性の詩です」（揖斐高氏訳）ときっぱりと言って、女性であっても漢詩を作ることが自分の仕事だと、強く主張してさえいるのである（これに対してヨーロッパでは、「ラテン語で詩を書くことは女のすることではないと、一体誰が言うのですか」などと主張し、それを実践した女性詩人は一人もいなかったことは、この後に述べる）。右の井上通女の主張は、漢詩文を含む文学的教養が広く普及していた江戸の文化的状況を背景にしての発言だと思うが、女流詩人の中には、儒

者の娘や妻ばかりではなく、商人の妻女や妓女までいたことを考えても、漢詩文が男子のみの専有物ではなく、教養ある女性にとっては、和歌と並んでその詩心表出のひとつの手段だったことがわかる(残念ながら、江戸次第に女流漢詩人はいたが、狂詩に手を染めた女性はいなかったようである。狂歌ならば「垢染衛門」というふざけた名で活躍した町人の女性もいたのだが。総じていつの時代どこの国でも、滑稽文学や風刺文学の分野では、女性の活躍がほとんど見られないようである)。

そこで改めてわたしの興味を引いたのは、あまたのすぐれた女流歌人を生んだわが国に比べればヨーロッパの女性詩人はさほど多くはないものの、母語である俗語で詩作した詩人は相当数いるが、その中にラテン語で詩を書いた女性詩人が、わたしの知るかぎりでは一人もいないということであった。少なくとも名のある女性詩人はいないと思う。敢えて挙げれば、中世ドイツの修道女でラテン語による戯曲を遺したことで知られるロスウィータが、ドイツ最初の女性詩人と言われると文学史などに記されているが、彼女に戯曲以外の抒情詩などがあったのかどうか確認できていない(そもそもウェルギリウス、オウィディウスをはじめとする数々の傑出した詩人たちを生んだローマは、不思議なことに、アマチュア詩人であったスルピキアという少女を除いて、女性詩人というものが存在しなかった。センプロニアなる才女がいて、読者を感嘆させるほどの詩を書いたと伝えられるが、その作品は残っていない。ローマはサッフォーをはじめとするかなりの数の女性詩人を生んだギリシアとは、この点で大きく異なっている。これがいかなる理由によるものか、それについてふれた研究文献なども、わたしは知らない）。上手下手はともかく、中世からルネッサンス、近代に至るまで、ヨーロッパ諸国でラテン語で詩を書いた詩人たちは枚挙に暇がないほどあまたいるが、少なくとも名のある詩人でラテン語詩を残した女性はいないのである。ラテン語は男性だけのもので、女性はラテン語で詩作してはならぬとか、ラテン語で詩作するのは女性にふさわしくない、といった偏見があったとは思われない。騎士階級にも文盲の者が多く、総じて男性よりも女性の方が教養が高かった中世も、女性の間にもラテン語教育が普及し、「ラテン語をしゃべる娘にご用心」ということばが通用していたフランス・ルネッサンスも、ラテン語詩を書いた女性詩人を生まなかった。アベラールとの恋愛で知られる才媛エロイーズも、みごとなラテン語による書簡を遺してはいるが、詩を書いてはいない。また上流階級の男女がまったく対等の教育を受け、ラテン語にも通じた多くの才媛を輩出したルネッサンス期のイタリアでも、ヴィットリア・コロンナ、ガスパラ・スタンパ、トゥリア・ダラゴーナのようにイタリア語で詩作した詩人たちはいたが、女性のラテン語詩人は生まれなかった。本書で先に取り上げた「中世ラテン詩の小さな花」である「女の春のため息」の作者が女性詩人だとすれば、それは例外的存在であるが、この詩が女性の作だとの確証はない。確認できるかぎりでラテン語による女性詩人らしき存在を敢えて挙げれば、ラテン語による宗教歌謡を残した中世ドイツの神秘主義者で詩人でもあったビンゲンのヒルデガルトがいるくらいなものである。

これは東西の古典詩の歴史の考える上で興味深い文学現象ではあるまいか。考えればこれは不思議なことでもある。まさかローマが詩人と呼ぶに足る女性を一人も生まなかったから、それに倣ってヨーロッパの女性詩人たちがラテン語では詩作しなかったというわけでもあるまい。

この否みがたい事実を前にすると、数こそ少ないがわが国には平安時代に早くも女流漢詩人がいたということ、**江戸時代にはかなりの数の女流漢詩人がいたということ自体が、実は東西古典詩史の上でもきわめて稀なことだと気付かされるのである。この事実は、わが国の女性による文学の一特徴として、もっと強調されてもいいのではないか**と愚考する次第である。東西でこういう相違が生じたのは、ヨーロッパの詩人の場合、恋愛感情や細やかな感性・情緒、微細な心理の襞など表現にすぐれた詩才を発揮することの多い女性詩人にとって、母語ならぬラテン語で詩作するという行為は、抒情的な自己表出の具としてふさわしくないと思われたからであろうか。だがラテン語は gravitas（重厚さ）を特徴とはするが、格別抒情詩に不向きな非詩的な言語でもなければ、詩法が煩雑なわけでもない。恋愛詩に名高い詩人カトゥルルスやティブルス、オウィディウスに倣って、女性の手で恋愛詩などが書かれてもよかったはずである。その証拠に中世ラテン詩人たちはあたかも俗語であるかのように時には崩れたラテン語を奔放自在に操って、詩作しているではないか。その中に一人も女性詩人の姿を見ないということが、わたしにはなんとも不思議に思われるのである。自国語ならぬ古典語で詩を作ることの困難さを言うならば、中国古典詩の言語で詩作したわが国の女流漢詩人も、同じ問題に直面したはずである。しかし彼女たちはその困難を乗り越えて、男性に伍して漢語で詩作しそれに劣らぬ作品を生み出しているという事実がある。これは古来中国にも詩を書く女性たちがいて、それなりの作品を生んでいるということとは、文学現象としても、その文化史的な意味合いが異なる。中国の女性詩人たちはたとえそれが伝統的な詩的言語であったにせよ、母語である漢語で詩作したのだが、**わが国の女性詩人たちは、外国語である古典中国語で詩作したのである。そこが重要なのであり、これは東西古典詩の歴史の上でも稀な文学現象なのだ**と敢えて強調したいのである。

　外国語、それも古い時代からの伝統的な文学言語であるラテン語や漢語で詩作するという行為は、豊富な古典詩の知識を前提とし、典故に拠ったり先人の作を踏まえて書かれることが多いから、詩はおのずと何ほどかは「詩から作られた詩」という性格を帯びざるをえない。そのため純粋に抒情的であるよりは知的・人工的な要素がそこにはたらきやすいことは事実である。その結果として直截な抒情の表出であるよりは、しばしば観念的な内容のものに陥りやすいことは否めない。だが江戸女流詩人たちの詩を見ていると、そういう困難さを乗り越えて、ヨーロッパ人にとってまさにラテン語そのものに相当する漢語に拠りながら、いささかも詰屈たるところのない、女性らしく繊細で細やかな、情緒に富んだ詩を書いていることに、やはり驚かざるをえない。詩の言語としての和歌の言語が、細やかな感情、情緒の表出に適していることは誰しも知るところだが、それとは異なりともすれば観念的、抽象的になりやすい漢語を巧みに操作して、細やかな感性を湛えた詩を作った江戸の女性詩人たちの技量や詩才は、高く評するに足るものだと思うのである。先に第一章であつかった江馬細香の愛の詩や、梁川紅蘭の「文を売り　活をなして　蚕織に代う」(「偶成三首、一」)という詩句で始まる一首や、二一歳で夭折した横山蘭蝶のいかにも若妻らしい「緑窓に起坐して　繍簾垂る」(「偶作」)という一首、京都の妓女で柏木如亭の恋人だった長玉僊の無題詩「生小にして深川に住み／長大にして祇園に居る」などは、女性詩人ならではの作との感を深くせざるをえない。なかには原采蘋のように、その気概、「風力」ともに男子を凌ぐほどのものがあったと伝えられ、男性詩人の作と見分けがつかない豪放な詩を書いた詩人もいるが、大方の女流漢詩人は、やはり女性の手になる詩だと感じさせられる、繊細で感性豊かな筆致で詩を書いているのが見られる。同様なことがなぜヨーロッパの女性詩人たちにはできなかったのか、あるいはしなかったのか、それが知りたいところである。

詩人沓掛良彦氏と回帰性

伊藤　勳
（詩人・英文学者）

1　時流を横切る鋭い光の刃

表題にあるカスタリアといふ名称は日本ではまだあまり馴染みのある言葉ではないかもしれない。パルナッソス山の中腹にアポローンの信託所デルポイがある。その北東側に岩の割れ目から湧き出てゐる泉がカスタリアの泉と呼ばれるものである。アポローンに見初められ追ひかけられたニュムペーのカスタリアが身を投げたのがこの泉で、そのニュムペーに因んでギリシア神話ではカスタリアの泉と呼ばれる。アポローンと学藝の女神ムーサに因む聖なる泉である。カスタリアとは何とも耳障りの佳い美しい響きがあり、「カスタリアの泉に汲んで」とはまことに心憎い名付け方である。

沓掛氏のギリシア文学への決定的な導きは『ギリシア抒情詩選』と、もうひとつ西脇順三郎の詩との出会ひであつた。沓掛氏の古典古代への心酔とそこからの生み返しは、殊に平成以降の日本文化の衰頽を思ひ遣るとき、重要な今日的意義を持つてゐる。

沓掛文学の中枢の一端を管窺してみる。

ラフカディオ・ハーンは最も鍾愛した詩人の一人であり高く評価した詩人ダンテ・ゲイブリエル・ロセッティを「恰も十三世紀の男が十九世紀に生まれ変はつたかのやうである」(*Pre-Raphaelite and Other Poets*)と語り、中世人の再来と認めた。中世的な思考をし中世風に生きようとしたロセッティは、自分の生きる時世の支配的観念になじめなかつたのである。イタリアから逃れ英国に亡命した父ガブリエーレ・ロセッティは詩人でありダンテを中心とする中世文学者であつた。長男ゲイブリエルはその強い影響を受けてゐる。ハーンは時流に背を向けたこのロセッティを、詩の伎倆においても思想家としても十九世紀を代表する桂冠詩人テニスンにまさる十九世紀第一級の詩人と認めてゐる。ロセッティはダンテを初めとする初期イタリア詩人の翻訳もした。因みに明治の上田敏や島崎藤村もロセッティ訳のダンテの『新生』を読んだ。

十九世紀英国は偽善の時代とも言はれるが、その傾向は突如登場したものではなく、アングロ・サクソンと言ふゲルマン系の北欧民族の生活環境に由来する。霧や雨に煙り明るさを缺きぼんやりした生活環境は、明確な輪廓線に象られた澄んだ生活環境のギリシアとは異なり、曖昧な精神形態を取りやすく、裏のある多重思考を好む傾向がある。簡潔な形よりも、空想的観念の生み出すゴチック様式のやうな渾然たる修飾過多の形や荒唐無稽なお伽噺を好む。シェイクスピアがそのソネット連作で地口を多用したり、或いは意図的に曖昧にした表現の揺らぎにより複数の解釈を許し本心を韜晦に付す玉虫色の詩境を見せてゐるのも、アングロ・サクソンの血のなせる業である。

一方、かうしたアングロ・サクソン的気質とは対蹠的なイタリア系の血を引くロセッティは、母方のギリシア系イタリア人の祖父ガエターノ・ポリドーリからギリシア人の血も受け継いでゐる。トロイエー戦争の勇士ディオメーデース創建の伝説で知られるヴァスト出身の父ガブリエーレは詩人として実質を重んじ虚飾を嫌つた。母フランシスはギリシア的な厳格さを持つ父親そつくりで、見せかけを嫌ひ簡潔と質実を旨とした。両親のかうした気質を受け継いでゐるのが、ゲイブリエル・ロセッティである。

ところでロセッティの唯美主義の系譜にあるのが、批評家ウォルター・ペイターである。ペイターには教へ子のシャドウェルをモデルにした若書きの随筆「透明性」がある。これはモデルとは別に、世間の枠にははまらない藝術家における「澄んだ水晶のやうな性質」を語るものである。そのやうな性質は、「うち広がる色彩によつて人の目を奪うのではなく、それは寧ろあの光の鋭い刃」であり、「世界生命の主流に乗るのではなく、寧ろ横切るものである」と言ふ。因みに「澄んだ水晶のやうな性質」の譬喩は、エピクーロス哲学やパルメニデースの宇宙観に基づくものであらう。ギリシア学者のペイターは、すべてを感覚に従つて見るべしと言ふエピクーロスから、己を感覚の受容体に徹することを学んだ。エピクーロス哲学は仏教との繋がりが指摘されてをり、自然に対する自己の在り方について、「自己をはこびて萬法を修證するを迷《めい》とす、萬法すすみて自己を修證するはさとりなり」(「現成公案」)と教へる道元と同様の立場を取つてゐる。そして仏教と同じく不生不滅を説くパルメニデースは宇宙は無心にそれ自身のうちに鎖され、固く透明な水晶の玉のやうに無の中空に浮いてゐるものとした。

中世人の再来であるロセッティ然り、そしてペイター自身も世の主流を横切る鋭利な一条の光であつた。ペイターはワイルドを初め少数の若者達を熱狂させ、英国の文学界のみならず我が国にも影響力を及ぼしたが、英国社会からは疎まれた。沓掛氏は自ら己自身を「現代に生きる古代人」と公言してゐるが、やはり世の主流を横様《よこさま》に切り裂いて走る鋭い光の刃である。沓掛氏はギリシア・ローマの古代世界のみならず、中世文学からルネサンスに続くヨーロッパ文学、王朝文学における女流歌人の和泉式部や式子内親王、西行、一休、良寛、漢詩など東西の古典を幅広く論じてゐる。その批評精神の目の付け所がどこにあるか知ることは、日本文学の現況を匡し、日本の文化伝統を発展させる機縁となり得る。三島由紀夫も文化維持の三要素、回帰性、連続性、全体性の重要性を語った。一国の文化の全体性と連続性を保障するものはまさに古典への回帰性にあることは間違ひない。

2　非連続性と現代詩

沓掛氏は現代詩の情況について、「わが国にウンカのごとくいると聞く詩人たち」

を「異星人ごとき存在である」と、現代詩に対して懐疑的な見方を示してゐる。蛸壺の夢を結んでゐる限り人に快美な印象と共感をもたらすことはできない。そもそも現代詩はその根を西洋詩に持つてゐる。それならば西洋の古典的な作品を読んできてゐるのか、或いはまた、日本人であるならば日本の古典を充分に読み込んできてゐるのか、と沓掛氏は問ひかけてゐるのである。古典を読みその精髄を繋いでゆくといふことは自己の存立を保障する回帰性に資する詩業の必須の作業である。それがなければ連続性と全体性の恢復は、敗戦と米軍の占領政策の後遺症が今なほ大和の心を歪めてゐる日本の漂漾する精神情況において、その本来の形での実現は無理であらう。そして対立と孤立でしかない蛸壺の夢を驚かし、連続性といふいのちの血の通ふ相互依存関係の全体性を体した藝術への復帰を沓掛氏は求めて先の如き不満をこぼしてゐるのである。

先に例として挙げたロセッティはイタリア系の詩人画家として、父に倣ひ中世後期のイタリア詩人に回帰した。ギリシア学者のペイターは混沌として空想的なゲルマン的象徴思考をギリシア的合理思考で整へることにより、調和のある瑰麗な英国文学を創出しようとした。西脇順三郎がすばらしいギリシア学者と褒めたローマン派詩人のコウルリッヂはゲルマン的象徴思考にギリシア的合理主義思考を取り込むことにより、〈もつともらしさ〉を具へた合理的象徴思考に生み返した詩人だつた。ペイターはこの意味においてコウルリッヂの蹤迹を追つた。

個人的な例になるが、昭和四十年代前半の学生時代、現代詩が受け容れられなかつた私は或る日、例の如く神田の古本屋を巡り歩いてゐた時、学匠詩人西脇順三郎の『鹿門』に出会ひ、この詩なら読めるといたく感動した。そして数年後には詩人から直々ヨーロッパ文学の指導も受けた。その著作のみならず、肉聲をも通して西脇詩が根を張る土壌の豊かさに直に触れることができた。

戦後の現代詩は全体的に荒涼としてゐる。その原因のひとつは、GHQによる日本の文化伝統と価値観の徹底的破壊工作や戦争犯罪の意識を植え付けるWar Guilt Information Programなどの洗脳により、日本の文化を軽んじ背を向ける傾向が生まれたことである。私も学校では小学校の頃から教師から何かと日本を貶める言葉を聞かされ不快な記憶として残つてゐる。それでは現代詩を志す日本人が日本の古典以外のギリシア・ローマの古典やヨーロッパ文学をどれほど読んだかと言ふとそれも心許ない。作品に接すればそのことは自づと知れる。

二つ目の原因は所謂シュールリアリスムである。それを信奉する人達は自動筆記とか言つて何を言ひたいのかさつぱりわからぬことを書き連ねて前衛或いは革新を気取つてきた。何が革新であらうか、それはゲルマン的空想の延長線上に生まれてきたものにすぎない。フランシス・ベーコン（一五六一〜一六二六）はかう言つてゐる。「想像力は物質の法則に縛られることなく、それ自身の都合で、自然が切り離したものを結び合はせ、自然が結びつけたものを切り離したりして、事物の非合法的な縁組みと離婚を行なふことができる」(*The Advancement of Learning*)。そしてサミュエル・ジョンソン(一七〇九〜八四)は、機智とは「より厳密かつ哲学的には一種の不調和の調和と見なし得るものであり、似かよりのない形象同士を結合したり、或いは一見似たところのない事物に神秘的な類似を発見をすること」、即ち「最も異質な観念同士が暴力で繋ぎ合はされてゐる」(*Lives of the English Poets*)ことと定義してゐる。自然物を単なる物質と捉へる機械論では、勝手に人為的に事物を自由に結合したり切り離したりできるが、自然を相互依存関係で捉へる有機体論では先のやうな論は成り立たない。有機体論ではあくまでも遠いものの連結は閃きとして縁起に起因する。生命的な繋がりにおいて初めて可能となる。ゲルマン系の人にとつては想像力も機智も空想の謂となる。

暴力的に異質のものを結び合はせようとするゲルマン人はまた、物体を捉へるのに象徴といふ形を好んだ。譬へば中世において赤い石は出血や血便を治す力を持つと信じられた。象徴の実体とそれの意味する内容とはいささかの関聯もない。これがゲルマン的象徴思考である。縁起を意味する「一即多、多即一」の宇宙観は禅の根本義であり、ギリシア的合理思考の基本的枠組みでもある。ゲルマン的象徴思考はさらに、一神教の自然に即さぬ恣意的な人為的観念に支へられ今日に及んでゐる。

超現実主義とは紛れもなくゲルマン的象徴思考に基づく空想の産物である。日本の古典を軽んじ、ギリシア・ローマの古典、西洋の古典的な詩にも触れなければ、「わが国にウンカのごとくいると聞く詩人たち」はゲルマン的空想に倣ひ、蛸壺の夢を結ぶほかない。先述したやうに私は学生時代に西脇詩に感動して以来、四十七、八年の日々を閲して久々に驚きの目を瞠つた詩は、ネーモー・ウーティスといふ仮名で平成二十九年に出た『ギリシアの墓碑によせて』といふ沓掛氏の詩集であつた。読み終はるのが惜しく感じられ時間を掛けて一篇一篇味はひながら読み進めていつた。私はこの詩集に世に隠れた紛れもない真の詩人を見出だした。

3　文体

沓掛氏は若き日に書きためた詩を破棄したと言ふが、さういふ習作時代を経た沓掛氏には既に詩情を湛へた文体が確立されてゐる。私は沓掛氏の詩のみならず、翻訳詩も高く評価する者である。ギリシア、ローマ、中世、ルネサンスの翻訳詩の数々は翻訳詩とは思へない、詩それ自体になりきつてゐる。沓掛氏は対象とする詩人の経験を己自身の経験とし、その詩人に成り変はるほどの一体感を見せてゐる。それ故に沓掛氏の翻訳詩は読者の感覚と想像力に深く訴へかける力を持つてゐる。沓掛良彦といふ詩人の語彙は日本の古典と漢詩に幅広く通暁したその文学的源泉から汲み出され、現代に生み返されて新たな文体を形作り瑞々しい透明感に満ちてゐる。言葉に揺らぎがなくそれ自身で屹立しており、恰も業物《わざもの》の日本刀で物を切り落としたその切り口のやうな美しさがある。即ち対象を捉へるに豊かな語彙の中から極めて適切な言葉選びがなされ、巧妙な措辞が工夫されてゐる。ギリシア藝術的な簡潔で澄んだ輪廓線に象られた形象の美しさと品格がある。個人的なことを再度例に取れば、退職前、私の「西洋文学」の講義では、沓掛氏の鍾愛しなほかつ詩の理想型としたサッフォーの詩、そして十二世紀ルネサンスのトゥルバドゥールの詩は、上記の理由から沓掛訳を用ゐて学生に紹介した。

西脇順三郎は詩作には古文体でも口語体でもない文体を用ゐると言つたが、藝術とはさういふものであらう。翻訳詩もさうであらねばならない。古い時代の詩だからといつて、必然性もないのに古文体で翻訳するのは不自然である。ペイターは、古典と呼ばれるものは生み出されたその時代においてはすべてロマンティックな作品であつた、と言つてゐる。創作であらうと翻訳詩であらうと、藝術家は時空を超越した文学空間で仕事をする。その文学空間にあるカスタリアの泉で言葉を汲んできた沓掛氏は古語も自在に駆使して現代に生み返し、古文体でもなく口語体でもない氏独自の文体で新たな詩的空間を創出した。一般的な訳詩とは一線を劃して、この詩人の翻訳詩の言葉が生きて輝いてゐるのは、それ自体が真の詩となつてゐるからである。実際、沓掛氏が手掛けると、サッフォーの詩は澄んだ水晶のやうに凝つた熱情となつて生み返され、ルネサンス期のルイーズ・ラベの熱情的な言葉は炎を立てて読む者に迫つてくる。ともに時空を超えて閨秀詩人達の肉聲が聞こえてくるかの如き感興に読者を浸らせる言霊が宿つてゐる。

4　慈悲と空観

沓掛氏の詩集『ギリシアの墓碑によせて』においては、詩人自身が墓碑に象られた死者と遺されたその親族の心に成り変はり、そしてギリシア・ローマ、中世、ルネサンスの一連の訳詩においては、対象の詩人の魂に乗り移つてゐる。沓掛氏はその意味で本質的な詩人であり、稀有な詩の翻訳者である。アリストテレース曰く、詩人とは「ゆたかでしなやかな素質か、さもなければ狂気」を持つ人であり、「ゆたかでしなやかな素質の人ならば、容易に他人の感動に応じ、それを自己の内的感動に形成する可塑性に富む」（『詩学』今道友信訳）と。

沓掛氏を沓掛氏たらしめてゐるこの才能の根はどこにあるかと言へば、それは空観《くうがん》にあるであらう。宇宙を空と見る宇宙観は初期仏教からあるもので、二世紀後半から三世紀前半において南インドのナーガールジュナ（竜樹）が哲学として理論的に基礎づけた。大乗仏教の根本義であるこの空観は仏教伝来以来、日本人の心に根付いてきたものであるが、明治以来の西洋のキリスト教文化の流入、さらに決定的な大東亜戦争の敗戦とアメリカの占領政策による日本文化の徹底的破壊は日本人の心を大きく歪めた。

対象の心に乗り移る、即ち相手の立場に身を置くといふ思ひやり、古来日本人にあつたあはれみの心は仏教の根本義である。このあはれみの心はまさに空の認識からしか生まれてこない。空は無ではない。無と言へば有《う》がなければならない。善は悪があつて初めて成り立つことと同じである。空は対立を超越してゐる。空観においては実体を認めない。即ち存在は無自性《むじしょう》である。無自性なるものは相互依存によつて初めて姿を現す。存在は相依相関性といふ縁起において初めて生じる。存在は鏡に映る虚像と同じく実体がなく、結んでは消えてゆく空なるものにすぎない。集合離散を繰返す現象は結合し合ふ他者がなければ現出しない。言ひ換へれば、自己は他者があつて初めてその姿がある。

この認識において生まれてくるのが生きとし生けるものへのあはれみ、いのちへの郷愁である。西洋の機械論からすれば他者は対立するものとしてあるが、一切皆空の縁起の宇宙観においては自己は他者であり他者は自己なのである。対象との間に垣根のない相対依存の関係性において、初めて他者の心に自由に入り込める。人生を生の側からのみ見るのではなく、死を通して生を見ることができる。古来和歌を初めとする日本文学が常に死を意識の裏において生を語り、相手の立場に配慮しつつ他者へのあはれみの心を作品に染みこませてきたのは、空の意識が働いてゐたからであらう。あはれみの心が日本人に生来的に具はつた性根《しやうね》であつたにせよ、空観はそれを一層深める機縁となつたと言へる。沓掛氏にはこの空観が薫習してゐるやうである。

沓掛氏は道元、一休、良寛への傾倒を通して禅に通暁し、更には真言宗系統の西行については、仏者としての歌人の自然観とその在り方に藝術家のひとつの理想型を見出だしてゐる。

不犯《ふぼん》の高僧一休が破戒僧へと変貌を遂げた様は、詩偈集『狂雲集』に示されてゐる。沓掛氏はなにゆゑにこの奔放な邪淫を取り上げたのか。殊に「大燈忌宿忌以前」に語られてゐる大燈國師のお逮夜の読経の聲が響いてくるさなか、情事にふける様子を語る一休について、沓掛氏は様々な解釈を紹介しながら詳しく論じてゐる。畢竟この詩から見えてくるのは、六祖慧能《ゑのう》の言葉、「人有《にんう》南北なりとも、仏性無南北なり」に示されてゐるやうに、人間は言葉によりこの世界を分節化して区切り相対化してゐるが、実際にはすべて縁起、即ち相対依存によつて生滅《しやうめつ》を繰返してゐるにすぎず、「一切衆生、悉有仏性、如来常住、無有変易」、万物の営みはすべて空、仏性は空であるいふことであらう。私個人の見立てとしては、沓掛氏の一休論は空の探究を暗示するものである。そして一方、仏学を極め、囚はれぬ仏の境界に遊ぶ遊戯《ゆげ》とそこに生じる慈愛の姿、或いはその仏性ゆゑに人を隔てなく等しく敬ふ常不軽《じやうふきやう》菩薩の「我は深く汝等《なんじら》を敬ふ。敢て軽慢《きやうまん》せず」(『法華経』「常不軽菩薩品」)の精神の趣を感じさせるものを、沓掛氏は良寛に見出だしてゐるやうに思はれる。

沓掛氏はこと自然との向き合ひ方については西行に己を重ね合はせてゐる。それは空の論理に立つ自然への融合同化であり、自然を通して観照に浸りつつ己自身の心緒を、人為的な技巧は一切撥無して簡潔な形で直截的に語る西行に倣ふことであつた。

その形態はギリシアの理想形態にも通じるものがある。

ところで、空観による自己と対象との融合同化は空間に関はるだけではない。縁起の観念は空間的関係のみならず、時間的関係にも適用される。道元は言ふ、「時は飛《ひ》去《こ》するとのみ解会《げえ》すべからず」（「有時」）。個人の意識においては、過去は現在の内にある。沓掛氏の意識において古代ギリシアは現在として捉へられてゐる。されば現在の内なる過去のものに基づいて未来の事柄にも関はつてゆく。それが過去のものから新たなものを生み返してゆく回帰性である。ギリシア・ローマ古典、日本古典、漢詩を基《もとゐ》にして、ゲルマン的空想性に拠るシュールリアリスムやイギリスを中心とするノンセンス文学の流れを汲む空疎な言葉遊びの残滓を詩歌藝術から洗ひ流して、実質のある意志的藝術の創出の手がかりを与へんとするのが沓掛文学の価値である。そこには存在の悲しみを知り、いのちをあはれみを以て見つめるまなざし、即ちいのちへの郷愁が生きてゐなければならない。

5　全方位的視野

死の意識とそこに根を張る慈悲の心がもたらす哀愁の缺けた作品は普遍的な共感を呼ぶことはない。ラフカディオ・ハーンは東京帝國大學での講義のひとつ、『昆虫とギリシア詩』において、古代ギリシア人と日本人の性格や宗教心の類似を指摘してゐる。殊にギリシア詩における昆虫にさへ示された愛情とあはれみ、存在の悲しみの意識に注意をしてゐる。他者のいのちの悲しみを己の悲しみとして対象の立場に身を置くギリシア的慈悲は沓掛氏にとつても受け容れやすかつたに違ひない。氏にとつて一神教とゲルマン的気質だけは受け容れ難かつた。前者については、空観と対蹠的な一神教の排他性や閉鎖性および不寛容、自然観察に拠らぬ恣意的な人間の聲に他ならぬ神の言葉は自由闊達な思考と昇騰する想像力の妨げになつた。それに対して仏教は、哲学として釈迦の言葉を自由に発展させる宇宙的開放性があつた。

プラトーンからも十番目のムーサとまで称へられた不世出の抒情詩人サッフォーの作品は、キリスト教徒により二度にわたり徹底的な焚書に処せられた。即ち三八〇年頃コンスタンティノポリスの大主教ナジアンゾスのグレーゴリオスによりギリシア恋愛詩、殊にサッフォーの作品が集中的に焼き捨てられた。そして一〇七三年には教皇グレゴリウス七世の命令でローマとコンスタンティノポリスにおいてサッフォーの作品が再度焚書に処せられ、これでサッフォーの作品はただ一篇の詩を除いて、わづかな断片しか残らなくなつた。他者が見えぬ者は己自身も見えぬ。沓掛氏にはさうした意味で一神教は受容できないものとなつてゐる。

一方、かつては森の住人であつたにも拘はらず自然探究には縁のなかつたゲルマン人気質における空想性、曖昧性、破壊的残忍性、混沌とした過剰装飾、合理的簡潔性の欠如、或いはダーウィニズムにも窺はれる他者の否定と自己肯定の一方的な自我の強さから生み出される藝術様式は、沓掛氏の気質にはそぐはなかつた。氏のダンテ嫌ひはさうした要素の一部を含むゲルマン的気質によるものであらう。ダンテがゲルマン系であることは、今日残つてゐる肖像画などに見る顔つきや、作品に表れてゐる特徴から容易に推測できる。同じイタリア半島に生まれ育つたローマ人のオウィディウスの方がその洗煉された藝術性においてよほど優れてゐるし、沓掛氏でなくとも日本人一般は、五世以降イタリア半島に入り込んだゲルマン人の血を引くダンテを好む読者は少ないであらう。『新生』に見る無骨な愛情表現。或いは『神曲』の、殊に「地獄篇」はダンテ自身の憎しみの感情が色濃く反映してゐる。あれもこれもと憎しみの心で執拗に描かれる重くれは読者を辟易させる。藝術においては人を不快にする憎しみは避け、材料とするにしても昇華されてゐなければならない。一般にゲルマン系の作品には残忍な描写が少なからずある。八世紀から十三世紀にかけてノルウェーとアイスランドで成立した『エッダ』には、こんな描写がある。倒した敵の「ファーヴニルの心臓を火にあぶってくれないか。血を飲んだあとでそれを食べたいものだ」。或いは「シグルドの片側で奴隷達を焼いていただきましょう」（松谷健二訳）。

　これに対して、ホメーロスの『イーリアス』に描かれたトロイエー戦争では神々がギリシア方とトロイエー方とに双方分かれて応援する様は法爾《ほふに》自然《じねん》がよく理解されてゐることを示してゐる。それのみならず、親友パトロクロスをヘクトールに討ち取られたアキレウスはヘクトールを打ち倒し、遺骸の足首に穴を開けてひもを通し、憎しみを以て戦車でヘクトールを引き摺り回すといふ暴戻の挙に出たが、ヘクトールの父プリアモスの懇願に応じて遺骸を返した。憎しみの中にもあはれみの心を忘れないのがギリシア人の心延《こころば》へであつた。

『イーリアス』にしろ、ギリシアの丸彫彫刻や神殿建築にしろ、そこには三百六十度の全方位からの美を追求した精神が窺はれる。このことはギリシア人が対象の側に立つ心と目を具へてゐたことの證左である。ギリシア人にはあはれみの心があったのはこのことによる。仏教では慈悲の心の現れは空の認識に帰せられてゐるが、実体論に立つギリシアにおいてはそれは全方位的視野と感覚的受容性の高さにあるであらう。一方、我慢とは本来、自我を頼んで他を侮ることを言ふが、我慢を本性とするゲルマン人的思考は対象の本質をありのままに見る目も己を顧みる心の目も阻礙する。先にも引いた、「自己をはこびて萬法を修證《しゅしょう》するを迷《めい》とする」といふ教へはこの種の思考形態を戒めるものである。

ギリシア人の三百六十度の視野は自然現象探究に差し向けられたが、仏教の空観においては、自然の実態の認知を通して精神現象の探究に向かった。ギリシア学者の沓掛氏の批評眼は多言語運用能力を支へにしつつ、ギリシア的な時空を超越した全体的な俯瞰的視野に立ちながら、同時に選んだ対象の内面へと切り込んでゆくところにその真骨頂がある。ギリシア的視野と空観とにその批評原理を得てゐる。沓掛氏は仏教に帰依する者ではないと公言してゐるが、それは空観ではすべての執著を否定するからである。「まさに住する所無くして、しかもその心を生ずべし」（『金剛般若経』）とも言ふべき趣である。「その心」とは清浄心を指す。それだけに沓掛氏の批評眼は肯綮は外すことはないであらうといふ安心感を読者に与へる。

6　男女を論ずるなかれ

沓掛氏がサッフォーは別格としてギリシアのアニューテーを初めとする女流詩人や、日本ではあまり馴染みのないクリスティーヌ・ド・ピザンやルイーズ・ラベを初めとする中世後期からルネサンス期の閨秀詩人達を、その本質を抉剔《けってき》するやうな翻訳で積極的に紹介したことは価値ある仕事であつた。沓掛氏が取り上げる閨秀詩人・歌人はすべて女性《にょしゃう》の女性《にょしゃう》たる本性の価値を言葉に託し、その魅力を存分に生かし切つた詩人ばかりである。奥ゆかしい情愛の趣を見せる宋の李清照についても日本では殆ど無名だけにその詩の価値を知らしめたことは有難い。

和泉式部は沓掛氏が一本に仕立て上げたほどに鍾愛する歌人である。和泉式部の歌と日記は読む者の心を震はせるほどの魅力を以て迫つてくるものがある。絶妙な知的感受性により濾過された女の複雑な心の襞の奥深いところにある情念と情感、かすかにゆらぐ或いはくゆる思ひは、その濃やかにして強く馥郁たる官能性に包まれてゐる。それを繊細にして精緻この上ない的確な筆致に乗せて和泉式部は訴えかけきて、読む者を夢心地に誘ひ浸らせるだけの魅力を具へてゐる。当時芳しからぬ浮き名を流し、藤原道長からは「浮かれ女《め》」と誹《そし》られたにせよ、女性《にょしゃう》の魂、その性をかくまでに繊細優美な藝術として昇華した歌人はゐない。沓掛氏は和泉式部の心に忍び込みその魂の精髄を掬ひ取つてきた。ジェンダーフリーなどと空想に耽つてゐる御仁からはこのやうに読者を瞠目させるやうな真に高度な藝術は生まれては来るまい。西脇順三郎は講演「オスカー・ワイルド」(拙著『ペイタリアン西脇順三郎』所収)においてかう言つてゐる。ワイルドの論文はすばらしい。殊に「社会主義の下における人間の魂」はすばらしい、その英語は英語の中でも最高であると。この論文の中でワイルドは、かつてデルポイの門に掲げられてゐた標語「汝自身を知れ」を一捻りして、「自分自身になれ」と訴へた。これがニューヘレニズムだと言ふ。順三郎もこれを是とした。そして自分自身になることは己を捨てることである。

囚はれることを嫌ふ沓掛氏は先のやうな閨秀詩人・歌人の価値を引き出してきたのみならず、漢詩は男のもの、女は和歌をたしなむものといふ一般的常識を覆し、王朝時代の閨秀漢詩人を紹介した上で、その後しばらく衰頽したもののその伝統が息を吹き返して多くの閨秀漢詩人が輩出した江戸時代の、就中、すぐれた江馬細香を取り上げて詳説してゐる。繊細な感性の生み出す情感豊かで雅致のあるその漢詩を賞翫してみせる。道元は言つた、「男児なにをもてか貴ならん……男女を論ずることなかれ」(「礼拝得髄」)。この言葉は相依相関性の縁起に発した言葉である。得道するに男も女もないといふのが基本的な意味である。役職に一定数の女性を就けよ、議員の一定数を女性にせよといふ、今時の男女の特性と機能を無視した、恣意的な欧米の対立観念に基づいた愚昧な平等論とは裏腹の言葉である。人が自在ならざるのは他者との相互依存によつてしか生きられず縁によつて縛られてゐるからである。男と女の間に対立的な境目を付けず相互補助的関係の中で、その心ごころに応じた生き方をすべきことを教へてゐる。そこにそれぞれの価値がある。

　沓掛氏の閨秀詩人・歌人の価値の言挙げは、この道元の言葉の実践と言つてよい。沓掛氏は「まさに住する所無くして、しかもその心を生ずべし」といふ空観に薫習した囚はれのない批評精神を持つ詩人であり、時流を横断する鋭い光の刃である。

　過去は現在の意識の裏に生きてゐる。沓掛氏は東西の古典への回帰を通して、去《い》にし詩人達の経験を現在の己の経験として提示し、清浄心を以てカスタリアの泉を汲みつつ新たな藝術の生み返しを図らうとしてきた。

贅言―あとがきに代えて

「筆力に衰えが目立つ」、「事実の誤り、誤記が多く、てにはの使用も怪しくなっている」という指摘を、辱知の碩学やわたしをよく知る知友から受けるようになってからもう何年か経つ。それはわたし自身も痛感しているところで、老来とりわけ傘寿を越してからの脳力の急速な衰えを感じることが多く、「衰老尚餘生」といった状態である。もうものを書くことをやめねばと思いながらも、「書は多くを貪るをなし読み且つ忘る」（広瀬旭荘）という状態で惰性でだらだらと本を読み、無聊に苦しんで書かずもがなの文章を綴っているのが、現在のわたしである。ものを書くということが逃れがたい業《ごう》になってしまった哀れな男の恐ろしさで、「もう沢山だろう、後は読むだけで満足しろ」と言ってくれる親切な友人の忠告に逆らって、まだ未練がましく出版の当てもないままに駄文を書いている自分を愧じるほかない。無欲恬淡、千葉の田舎で晴耕雨読の隠者生活を送っている友人雅水翁のようになりたいが、それもかなわない。五柳先生に倣って「常に文章を著して自ら娯しむ」といきたいところだが、さほど悟った心境にもなれない俗人なのである。「常に多くのことを学びながら老いてゆく」と言ったソロンを思い、そうありたいと願ってはいるが、現実は厳しく、「常に多くのことを忘れながら呆けてゆく」というのが実際のところで、われながら困った老人に成り果てたものよと慨嘆する日々がつづいている始末だ。今回の本もそうして生まれた無用の書にほかならない。

これは八年ほど前に出した『人間《ひと》とは何ぞ―酔翁東西古典詩話』の続編のような本だが、読み比べてみると明らかに著者の脳力、筆力の衰えが感じられ、「老いの繰り言」にも似たものになっていることがわかる。「身倦《つか》れ　事を忘るること多く、愁い窮《きわ》まりて　蹤《あと》を覓《もと》め難《がた》し」（新井白石）という状態なのである。それでもなおあきらめが悪く、これまでの人生の多くの時間を費やして東西の古典詩を読んできて、老来急速に薄れつつあるその記憶が完全に消え失せる前に、その記憶の一端なりとも書き留めておきたいという気持ちが動いて、無用の書と知りながら本書を書いたのである。

今や世界はまさに澆季末世、地球上真の平和と安穏が支配する世界などどこにもない。北方では暴帝と化した独裁者が領土的野心に燃えて他国を侵略し、中東では「自衛権」の名のもとにイスラエル軍が万を超える無辜の一般民衆を大量虐殺している。かと思えば赤い皇帝を戴いた強権主義の隣の大国が軍事力を誇示してアジア諸国を脅かし、別の隣国は、飢えた民をかかえながら独裁者が体制維持のために核武装をちらつかせては周辺国を不安に陥れている。衰退しつつあるアメリカは国論が二分して分断が進み、またしても愚者の帝王が愚かな民衆の声に後押しされて、復権を狙っている。ヨーロッパ諸国も各国の政治が混迷を極め、不協和音が聞かれ、世界諸国で極右勢力が台頭し伸長しつつある。南米、中米、東南アジアでもアフリカでも紛争、内乱が絶えない。いつ第三次世界大戦が勃発しないとも限らないのが現状である。わたしが生まれ住むこの国もまた、私利私欲と権力欲に燃えた無能な政治屋と右派勢力が長らく政権の座にあって、国民は気概乏しく、先進国中の最貧国、「ビンボウ国日本」になりつつあって、日々凋落の一途をたどっている始末である。世界中で六〇〇〇万人もの人間が死んだ未曽有の悲惨な世界大戦を経験してもなお、人類は歴史から何も学ばなかったのかと思わざるをえない。二一世紀に入ってから世界は確実に日々悪化している。遠からぬ人類滅亡の予感を抱いているのが、わたしのような悲観主義者ばかりでなければ幸いである。

まさに累卵の危うきにあるそんな世界で老残の日々を送っている老人は、悲憤慷慨しながらもただおろおろとそんな現状を嘆き、それに対して何ひとつなし得ない無力感に打ちひしがれて日々を送るほかない。かつて「文法学者も戦争を呪詛し得ることについて」という渡辺一夫先生の文章を読み感銘を受けたが、日々戦争を呪詛はしても、無力感はつのる一方である。古典詩を学び、生涯を費やしてそれを読んできた者として、古典文学の面白さやその大切さを次の世代に伝えることが自分の仕事である、などとわが身に言い聞かせてみても、やはり空しさは消えない。経済優先、実利万能の世にあって、経済的にばかりか文化的にも衰退しているとしか思えないこの国の次の世代のためにも、古典の知識を伝えてゆかねばなどと気負ってみても、本など読まないスマホ狂いの若い世代には振り向いてもらえそうにもない。「もう紙の本は時代遅れだ、今どき本など書いてもしょうがない。言いたいことがあるならユーチューバーを目指せ」と親切に勧めてくれる友人もいるが、「現代に生きる古代人」を自任し、パソコンが反吐《へど》が出るほど嫌いなわたしにはどだい無理な相談である。

世の人の何の役にも立たぬ無用の書を書きながら、「こんなものを書いてなんになるか」という内なる声に苦しめられ、「いまどきの日本でこれを読む人はいまい。いい加減にしろ」というささやきも聞こえて辛いことである。それでもまだ何かに憑かれたように筆を握っている己の姿をあさましく思うものの、それをやめた途端に一挙に呆けが進むものと思われて、筆を捨てる決断がつかない。死ぬことはさほど惜しくも恐ろしくもないが、呆けるのはやはり困る。ものを書くことが業《ごう》になってしまった哀れな男は、結局倒れるまで筆を握っていることになるのだろう。「一朝筆を抛《なげう》って大いに軒渠す」といきたいところだが、それができないのである。

経済万能、営利優先の世の中であるから、世に読まれることなきホウマツ本を出してくれる奇特な商業出版社はもうなくなった。大出版社などは敷居が高く、初めから門前払いである。「スマホ文化」全盛で本が売れない出版界の厳しい現状を考えれば、それも致し方ない。そこでやむなく今回またしても大和プレスに御世話になり、御迷惑をおかけすることとなった。毎回採算を無視してまでホウマツ本を刊行してくださる篤志家である大和プレス佐藤辰美社長は現代のマエケナスで、いまやわたしにとって唯一の「拾う神」である。氏の際限なき御厚意に甘え、仏の顔をしていただくのも、これで実に八度目である。まったく売れないとわかっている本書のごとき無用の書が陽の目を見るのは、偏に同氏の望外の御厚意によるもので、ただただ深謝のほかない。その底なしの御厚意に報いるすべがないのがなんとも残念である。

本書の編集に関しては今回もまた同社の鈴木美和さんの御世話になり、大変なご苦労をおかけした。老いの繰り言にも似た内容の本書のずさんな原稿を辛抱強く読んでくださり、細やかな心遣いと大変な忍耐力をもって、一冊の本にまとめてくださったことに対して、幾重にも厚くお礼を申し上げる次第である。元来ヒンディー語文学者にして昔の学生でもある詩心豊かな「安芸の国の美女」の手で、新たな著書が生まれることは、衰老の残生を送っている老骨にとっては何にも増してのよろこびである。佐藤様、鈴木さん今回もまた本当にありがとうございました。

最後になったが、著者の請いを入れて本書に、分に過ぎたまことにありがたい一文を寄せてくださった詩人にして英文学者の伊藤勳氏にも厚くお礼申し上げたい。ヨーロッパ詩人の正系の裔であり、西脇順三郎の薫陶を受けたわたしの畏敬する詩人である同氏から賜った玉文は、微かに弱弱しい光を放っているにすぎない本書に光彩を添えていることは疑いない。深謝あるのみである。

二〇二四年初秋

枯骨閑人改め　恍惚惨人　沓掛良彦

奸詩

老来所感

圖書堆裡老風塵
彫蟲弄筆日月流
吾是生来一蠹魚
蠹食古書送残生

図書堆裡《としょたいり》　風塵に老ゆ、
彫虫弄筆して　日月流る。
吾は是れ　生来の一蠹魚《とぎょ》、
古書を蚕食して　残生を送る。

本書は古典詩回顧の本なので、以前に大和プレスから出していただいた『耽酒妄言―枯骨閑人文酒閑話』と同じく、巻末に著者がこれまでに世に問うた詩に関する著訳書のリストを載せてもらうこととした。さてもさても懲りずに、売れもせず世に読まれることなき無用の詩書をあまた書き綴ったり訳したりしたものよ、われながら呆れざるをえない。それを以て火葬にするに足るほどの無用の本を出したのは、およそ名誉なことではない。

詩に関する著者の著訳書一覧

『牧神の葦笛―ギリシア詞華集・抄』、牧神社、一九七八年
『ピエリアの薔薇―ギリシア詞華集選』、書肆風の薔薇、一九八七年
『焔の女―ルイーズ・ラベの詩と生涯』、書肆風の薔薇、一九八八年
『サッフォー―詩と生涯』、平凡社、一九八八年（水声社、二〇〇六年）
『ホメーロスの諸神讃歌』、平凡社、一九九〇年、ちくま学芸文庫、二〇〇四年
『フランス女流詩人詩抄―ミューズの娘たち』（金子美都子との共編訳）、木魂社、一九九一年
モーリス・ヴァレンシー『恋愛礼讃―中世・ルネッサンスにおける愛の形』（川端康雄との共訳）、法政大学出版部、叢書・ウニベルシタス 四六四、一九九五年

『トルバドゥール恋愛詩選』、平凡社、一九九六年
『讃酒詩話』、岩波書店、一九九八年
『詩林逍遥―枯骨閑人東西詩話』、大修館書店、一九九九年
編著『詩女神の娘たち―女性詩人、十七の肖像』、未知谷、二〇〇〇年
『壺中天酔歩―中国の飲酒詩を読む』、大修館書店、二〇〇二年
アンリ・トロワイヤ『ボードレール伝』（中島淑恵との共訳）、水声社、二〇〇三年
『エロスの祭司―評伝ピエール・ルイス』、水声社、二〇〇三年
『名詩名訳ものがたり―異郷の調べ』（亀井俊介との共著）、岩波書店、二〇〇五年
ピエール・ルイス『ビリティスの歌』、水声社、二〇〇三年
アンリ・トロワイヤ『ヴェルレーヌ伝』（中島淑恵との共訳）、水声社、二〇〇六年
オウィディウス『恋愛指南―アルス・アマトリア』、岩波文庫、二〇〇八年
『和泉式部幻想』、岩波書店、二〇〇九年
『陶淵明私記―詩酒の世界逍遥』、大修館書店、二〇一〇年
『式子内親王私抄―清冽・ほのかな美の世界』、ミネルヴァ書房、二〇一一年
『西行弾奏』、中央公論新社、二〇一三年
『人間《ひと》とは何ぞ―酔翁東西古典詩話』、ミネルヴァ書房、叢書・知を究める六、二〇一五年
『黄金の竪琴―沓掛良彦訳詩選』、大和プレス・思潮社、二〇一五年（第六十七回読売文学賞）
『ギリシア詞華集』一～四巻、京都大学学術出版会、西洋古典叢書G090・G094・G096・G098

二〇一五年～二〇一七年

ネーモー・ウーティス（偽書）『ギリシアの墓碑によせて』、大和プレス・思潮社、二〇一七年

『詩人クリスティーヌ・ド・ピザン』（横山安由美との共編訳）、大和プレス・思潮社、二〇一八年

『ギリシアの抒情詩人たち―竪琴の音にあわせ』、京都大学学術出版会、二〇一八年（第三回加藤郁乎記念賞）

『オルフェウス変幻―ヨーロッパ文学にみる変容と変遷』、京都大学学術出版会、二〇二一年

小湖津完爾『塵芥集・一夜の詠―茂原才欠短歌大矢數』、大和プレス・思潮社、二〇二一年

『表現者としての一休―「恋法師一休」の艶詩・愛の詩を読む』、研文出版、二〇二三年

井伊華言『百人一死―詩人たちはいかに死んだか』、水声社、二〇二三年

アンジェロ・ポリツィアーノ『シルウァエ』、月曜社、シリーズ・古典転生　二十八、二〇二三年

刊行予定書（遺著になるか？）『凍れる美学―定家と和歌に関する覚え書き』、東京外国語大学出版会、二〇二五年刊行予定。

井伊華言『れそなんてぃあ―東西古典詩の木魂』水声社、二〇二五年頃刊行予定。

檀貞蔵作『珍曲・地獄篇』（執筆中。これは未完で死ぬと思われるのでその場合は、あの世（地獄）で蜀山人先生監修・校閲の下に完成させ閻魔庁出版部から刊行予定）。

以上のほかに主著として狂詩非句・戯文集『屁成遺響』、酔醒社、限定一〇部、頒価一億円がある。

著者略歴

沓掛良彦（くつかけ・よしひこ）

一九四一年生まれ。早稲田大学露文科卒業。東京大学大学院博士課程修了。文学博士。大阪市立大学文学部講師、東北大学文学部助教授を経て東京外国語大学教授・名誉教授。狂詩・狂歌・非句《ひいく》・戯文作者。戯号は枯骨閑人改め恍惚惨人。筆名　小湖津《ここつ》完爾《かんじ》、茂原才欠《もはらさいかく》、井伊華言《いいかげん》、鵜園仁成《うそのひとなり》。

前掲のリストに掲げた詩に関する本のほかに、次のような著訳編書がある。

『マクミラン新ラテン語コース』、マクミラン出版社、一九八九年
ロジャー・ヒンクス『古代芸術のコスモロジー―神話と寓意表現』（安村典子との共訳）、ヴァールブルク・コレクション、平凡社、一九八九年
ジェフリー・グリグスン『愛の女神―アプロディテの姿を追って』（榎本武文との共訳）、書肆風の薔薇、一九九一年

ピエール・グリマル『ローマの愛』（土屋良二との共訳）、白水社、一九九四年

プレドラグ・マトヴェイェーヴィチ『地中海―ある海の詩的考察』（土屋良二との共訳）、平凡社、一九九七年

ピエール・ルイス『アフロディテ―古代風俗』、平凡社ライブラリー、一九九八年

『文酒閑話』、平凡社、二〇〇〇年（増補版『耽酒妄言―枯骨閑人文酒閑話』、大和プレス、二〇二〇年）

『大田南畝―詩は詩佛書は米庵に狂歌おれ』、ミネルヴァ書房、ミネルヴァ日本評伝選、二〇〇七年

『コルドバ遊記―記憶の中の都市』小柳裕〔画〕Works of Spain／横溝静〔著〕Anonymous encounter』、大和プレス・アートイット、二〇〇九年

アベラール、エロイーズ『アベラールとエロイーズ―愛の往復書簡』（横山安由美との共訳）、岩波文庫 32-119-2、二〇〇九年

『エラスムス―人文主義の王者』、岩波書店、岩波現代全書 032、二〇一四年

エラスムス『痴愚神礼讃―ラテン語原典訳』、中央公論新社、中公文庫 エ 5-1、二〇一四年

エラスムス、トマス・モア『エラスムス＝トマス・モア往復書簡』（高田康成との共訳）、岩波文庫 33-612-3、二〇一五年

『風狂と遊戯―閑に読む一休と良寛』、大和プレス・目の眼、二〇二三年

恍惚惨人詩話
カスタリアの泉に汲んで
―古典詩の記憶から

二〇二五年四月三日発行

著　者　沓掛良彦
解　説　伊藤勳
デザイン　原 耕一・せい
表紙写真　坂本淳　三一六頁写真　横井公

発行者　佐藤辰美
発行所　株式会社大和プレス
〒739-1733　広島市安佐北区口田南三-四五-四-一階
電話　082-824-8833　FAX　082-824-8834
mail suzuki@daiwa.po-jp.com

発　売　株式会社思潮社
〒162-0842　東京都新宿区市谷砂土原町三-一五
電話　03-5805-7501（営業）　03-3267-8141（編集）
http://www.shichosha.co.jp/order/

印刷・製本　シナノ書籍印刷株式会社

Printed in Japan
© KUTSUKAKE YOSHIHIKO / Daiwa Press Co., Ltd. 2025
ISBN 978-4-7837-3835-0 C 0095